CHRISTINE BERNARD JAN ESCHE (HG.)

ARCHITEKTUR GESPRÄCHE MÜNCHEN

ZUR VERANTWORTUNG DES ARCHITEKTEN

ea
Edition Architektur

INHALT

ARCHITEKTURGESPRÄCHE   4
// NICOLA BORGMANN

ARCHITEKTUR DER LEBENSNÄHE   8
// ANDREAS DENK, UWE SCHRÖDER

DIE LEERFORMELN FÜLLEN   14
// HANNO RAUTERBERG

BEOBACHTUNGEN: MÜNCHEN   22
// HANS GEORG ESCH

HALTUNGEN:

// VERANTWORTEN: MARIE AIGNER	36
// OFFEN SEIN: SASCHA ARNOLD	42
// VERTRAUEN: MARTIN ATZINGER	48
// ENGAGIEREN: UDO LEMKE	54
// GANZHEITLICH DENKEN: GEORG BRECHENSBAUER, CLAUS WEINHART	60
// VORREITER SEIN: RAINER HOFMANN, RITZ RITZER	66
// QUALITÄT SICHERN: LAURENT BRÜCKNER	72
// WEITERBAUEN: VERONIKA DANNHEIMER, TILMAN JOOS	78
// HERAUSFORDERUNGEN ANNEHMEN: HENDRIK MÜLLER	84
// GESTALTEN: PETER EISENLAUER	90
// SCHAFFEN: PETER FÄRBINGER, PETER ROSSMY	98
// PROFILIEREN: LYDIA HAACK, JOHN HÖPFNER	104
// QUERDENKEN: HERMANN HILLER	112
// VERKNÜPFEN: MARTIN HIRNER, MARTIN RIEHL	118

// ÜBERRASCHEN: ACHIM HÖFER, CHRISTIAN LÖSCHER	124
// VORSTELLEN: STEFAN HOLZFURTNER	130
// VERWIRKLICHEN: HANNES RÖSSLER	136
// WIRKEN: MARKUS JATSCH, INA LAUX, GUNTHER LAUX	142
// KLÄREN: JOACHIM JÜRKE	148
// ZUSAMMENFÜHREN: LUDWIG KARL	154
// BAUMEISTERN: CHRISTOF LAMPADIUS, CLAUDIUS MASCHITA	162
// DENKEN: MAXIMILIAN MAIER, ROBERT NEUBERGER, SEBASTIAN RICKERT	168
// STELLUNG BEZIEHEN: CHRISTINE NICKL-WELLER, HANS NICKL	174
// VERBINDEN: AXEL KRÜGER	180
// WOLLEN: ROBERT MEYER	186
// LÖSEN: ANDREAS SCHINDHELM	192
// ERKENNEN: CHRISTINE PETER, CHRISTIAN PETER, WOLFGANG STURM	198
// DURCHDRINGEN: EVA DURANT, ANDREAS NOTTER	204
// LEBEN: THOMAS UNTERLANDSTÄTTNER	210
// ERWEITERN: ALEXANDER WIEDEMANN	218
// VORWEGNEHMEN: MICHAEL ZILLER	224

GELASSENHEIT 230
// MARKUS JULIAN MAYER

MÖGLICHKEITEN SEHEN 235
// CHRISTINE BERNARD, JAN ESCHE

ANHANG 238
// AUTOREN, BILD- UND TEXTNACHWEIS, IMPRESSUM

ARCHITEKTURGESPRÄCHE

MUSS MAN ÜBER ARCHITEKTUR SPRECHEN?

// NICOLA BORGMANN

Kann man nicht erwarten, dass Architektur für sich selbst spricht? Die gedankliche und künstlerische Vision offenbart sich doch im Bauwerk, in seiner Qualität als Gebrauchs- und Kunstobjekt. Was kann das Gespräch darüber hinaus bezwecken?

Das Bauwerk selbst ist nur ein Zwischenergebnis des architektonischen Prozesses. Seine Entstehungsgeschichte, die Randbedingungen und die nachfolgende Rezeption sind Teile des Architekturprojektes. Bauwerke – architektonische Konzepte – sollen nach dem Wunsch ihrer Bauherren und Architekten über die technische und wirtschaftliche Lösung hinaus Ideen und Ideale verkörpern. Im Gespräch können wir uns mit Anspruch und Wirklichkeit befassen – und die Erfahrung machen, wie verschieden die Ansprüche sind und wie verschieden die Wirklichkeiten.

Das Architekturgespräch fordert dazu auf, die Wahrnehmung von Architektur zu überprüfen. Zeitgenössische Architektur bietet eine Fülle von Möglichkeiten zum Begreifen und Nachdenken. Material, Formen und Licht werden an die Grenzen ihrer Verwendbarkeit geführt und zur Diskussion gestellt. Architektur entsteht ja bereits im Hinblick auf ihre Interpretation und geht mit ihrer Interpretierbarkeit weit über ihren praktischen Zweck hinaus. Interessante Bauten sind Thesen interessanter Architekten. Im Architekturgespräch können wir das Gebaute vor dem

Hintergrund des Gedachten erörtern. Wo aber könnte eine Diskussion stattfinden, wenn nicht ein Forum die Kreativen und die Nutzer zusammenführte?

In München, wie in der gesamten Architekturlandschaft Deutschlands, hat sich in den letzten 10 bis 15 Jahren vieles getan. Alle Beteiligten am großen Projekt Baukultur haben ihren Anteil daran. Waren es vor 25 Jahren Gründungen wie die Architekturgalerie München oder das Münchner Forum, so sind es heute zahlreiche Institutionen, Verbände und Unternehmen, die alle durch regelmäßige Veranstaltungen, Architekturpreise, Exkursionen die Auseinandersetzung mit Architektur fördern.

Wichtige Orte der Architekturdiskussion in München sind das Architekturmuseum der TU München in der Pinakothek der Moderne, das Haus der Architektur, der Plantreff der Stadt München, die Oberste Baubehörde oder das Haus der Kunst, mit ihren Ausstellungen und den dazugehörigen Veranstaltungsprogrammen. Der Architekturclub und die Architektouren der Architektenkammer, die Architekturwochen des BDA, die Nacht der Architekten oder die Architekturfilmtage im Filmmuseum sind wiederkehrende Ereignisse, die das Architekturgespräch mit aktuellen Themen weiterführen. Beispiele wie die Henn-Akademie und die Architekturbotschaft im Südhausbau WohnForum, die LuitpoldLounge, PAM, die Urbanauten oder „die erste reihe" basieren auf privatem Engagement. Sie beleben die Szene durch regelmäßige oder temporäre Aktionen. Auch in den Münchner Kunstgalerien finden sich immer wieder architekturverwandte Themen und Architekturfotografie. Die Hochschulen – Fachhochschule, Technischen Universität, LMU und die Akademie der Bildenden Künste – öffnen sich mit Symposien und Vortragsreihen einem breiten Publikum. Zur Orientierung in der Vielfalt und Fülle des Angebotes sind Informationsdienste wie der Newsletter von Martin Schnitzer oder Internetplattformen wie muenchenarchitektur.de unverzichtbar. In den Feuilletons und Lokalteilen der Tagespresse – insbesondere der Süddeutschen Zeitung – gibt es die fortlaufende Architekturdebatte auf allen Ebenen, vom lokalen Ereignis bis zur Zusammenschau von Architektur und Städtebau mit Kunst und Politik.

Das Architekturgespräch scheint allgegenwärtig zu sein, und doch ist das qualitätvolle Bauen noch immer kein selbstverständlicher Teil unserer Alltagskultur.

Viel Vermittlungsarbeit ist noch zu leisten. Tritt die Diskussion über Architektur aus den Fachkreisen heraus, erreicht sie den Nutzer, den Bauherrn, den Bewohner? Wird eine interessierte und informierte, angeregte und kritische Öffentlichkeit in der Zukunft höhere Ansprüche an die Baukultur stellen?

Das Gespräch über das Bauen muss zum Dialog mit dem Gebauten führen, Wahrnehmung und Urteilsfähigkeit schärfen – für eine Architektur, die offen und kommunikativ das öffentliche Leben bereichert.

ARCHITEKTUR DER LEBENSNÄHE

16 THESEN ZU STADT UND BAU

// ANDREAS DENK UND UWE SCHRÖDER

PRÄAMBEL: NACH UNS DIE SINTFLUT?

Das Bauen der Gegenwart ist geprägt durch einen inflationären Umgang mit Raum und Zeit. Der Reichtum westlicher Gesellschaften drückt sich in einem immer größeren Flächen-, Material- und Energiebedarf pro Kopf aus, der im Widerspruch zu allen Erkenntnissen über das Ende der Ressourcen und unserer Verantwortung gegenüber kommenden Generationen steht.

Die immense Beschleunigung technischer Entwicklungen, aber auch die immer geringere Halbwertszeit von Architekturtheorien, Geschmacksurteilen und Moden führt zu einer kaum mehr nachvollziehbaren zeitlichen und räumlichen Abfolge von qualitativ höchst unterschiedlichen Bauquantitäten in unseren Städten.

Die thematisch richtig gesetzten Postulate der Moderne nach einer zweckbezogenen Architektur, die soziale und auch ästhetisch hinreichende Lebens- und Wohnbedingungen erfüllt, sind bislang nur in seltenen Fällen mit den neuen Erfordernissen von Ökologie und globalgesellschaftlicher Bescheidung in Einklang gebracht worden: Die Kluft zwischen Anspruch und Notwendigkeit, zwischen tatsächlichem Bedarf und ausuferndem Angebot an Flächen, architektonischen Auffassungen und „Stilen" lässt die Entwicklung von Stadt und Architektur – inzwischen sogar theoretisch fundamentiert – in sinnloser Beliebigkeit enden. Angesichts der im Kern immer noch postmodernen Anverwandlung von Bauformen der zwanziger Jahre, solipsistischer blob-Architektur und dem Fassadismus der Metropolen, zwischen orthodoxem ökologischen Bauen und vordergründig ökologischer High-Tech-Architektur sind unsere Städte fassungslos geworden. Die Sprache, die unsere Städte zu sprechen begonnen haben, entzieht sich der allgemeinen Verständlichkeit und dem Diskurs.

Zu dieser Dekontextualisierung gehört der Verlust einer bedeutenden gesellschaftlichen, nämlich der sozialen Dimension der Architektur. Ein großer Teil unserer Bauten verweigert durch seine Selbstbezogenheit den Zugang zu einer ethischen Ebene und erschwert damit ein „gelingendes Leben". Eine wesentliche Aufgabe der Architektur besteht indes darin, die Anerkennung der Autonomie des Einzelnen und der Erfordernisse der Gemeinschaft wechselseitig zu verknüpfen und sichtbar zu machen. Der individuelle Aspekt von Architektur erweitert, ermöglicht, empfiehlt und unterstützt, die gesellschaftliche Dimension ordnet, regelt, begrenzt und empfiehlt Rücksicht. Wenn dies in einer nachvollziehbaren und wirksamen Weise gelingt, wird architektonische Ästhetik zu einem wichtigen Bestandteil gesellschaftlicher Ethik.

16 THESEN ZU STADT UND BAU

1. Jedes Bauen bedeutet immer Gesellschaftsbau.

2. Der wichtigste Lebensraum der menschlichen Gesellschaft ist die Stadt. Die Stadt ist der Ausdruck der Verfassung der menschlichen Gesellschaft. Architektur in der Stadt ist deshalb immer Städtebau.

3. Das Bauen in der Stadt ist unterschieden in allgemeine und besondere Aufgaben. Zur besseren Orientierung im urbanen Gefüge werden die Aufgaben für individuelle Zwecke einheitlich, die Aufgaben für gesamtgesellschaftliche Zwecke besonders behandelt. Diese Unterscheidung nach Aufgaben strukturiert die Stadt funktional und architektonisch.

4. Das Bauen in der Stadt dient der Unterscheidung, der Festigung und Stärkung, der Ergänzung und der Verbesserung der Stadtstruktur. Es grenzt die Stadt gegenüber dem Landschaftsraum ab, der als wichtige Ressource zu schonen ist.

5. Unsere Städte sind schon gebaut. Die Stadt ergibt sich aus Bestand und Zubau. Erste Aufgabe ist deshalb der Erhalt, die Stärkung und die Verbesserung des Bestandes. Zweite Aufgabe ist der Neubau, der den

Bestand stärken, ergänzen, verbessern, umbauen, nur in gegebenen Fällen jedoch vollständig ersetzen soll. Der Neubau qualifiziert Gestalt und Orientierung in der Stadt. Ansonsten tritt an seine Stelle ein Rückbau der bestehenden Stadt zugunsten des Landschaftsraums.

6. Der Neubau passt sich soweit wie möglich dem Bestand an, um die Einheitlichkeit des Stadtbilds im Sinne seiner Lesbarkeit zu fördern. Wo immer eine Verbesserung dieser Einheitlichkeit möglich ist, greift der Neubau zugunsten dieser einheitlichen Form ein.

7. Nur Bauten für besondere gesellschaftliche Zwecke erlauben eine solitäre Bauauffassung. Sie werden zu Kristallisationspunkten und Orientierungsmarken innerhalb des Stadtgefüges. Ihre besondere Funktion für die Gesellschaft bestimmt ihre Position in der Stadt und damit wiederum die Struktur der Stadt an sich.

8. Die gesellschaftliche Funktion eines Gebäudes drückt sich in seiner architektonischen Haltung aus. Diese Haltung differenziert nicht nur zwischen individuellem und allgemeinem Bauen, sondern weist durch Habitus, Gestalt und Anmutung über seine materielle Erscheinung hinaus.

9. Der Neubau bevorzugt eine ortsgerechte, handwerkertaugliche Konstruktion, eine materialgerechte Bauweise, rezyklierbare Baustoffe, ist so weit wie möglich rückbaufähig und beschränkt sich auf einen minimalen Einsatz von material- oder energieaufwendiger Technik sowie auf Baumaterialien, die aus der Region stammen. So entsteht aus den bloßen materiellen Gegebenheiten heraus eine regionale Architektur, die das Bild der Städte voneinander unterscheidbar werden lässt.

10. Der Neubau orientiert sich am Bestand und damit an den städtebaulichen und topographischen Gegebenheiten. Die Einfügung des Neubaus in seine Umgebung wird bestimmt durch seine soziale Angemessenheit. Diese Angemessenheit drückt sich durch eine spezifische Architektur aus, die dem städtebaulichen und sozialen Umfeld entspricht.

11. Durch den Verzicht auf aufwendige technische Hilfsmittel setzt der Bau seine Benutzer und Bewohner bewusst dem Klima aus, um die menschliche Bedingtheit durch seine Umwelt zu verdeutlichen. Er exponiert sie im Innern und im Äußern den jeweiligen sozialen Gegebenheiten, um die gesellschaftliche Rückbindung des Individuums bewusst zu machen.

12. Der Bau schafft auch im Innern Raumsituationen, die durch ihre Anordnung und Ausprägung Hinweise auf ein vernunftgeprägtes und gesellschaftlich verantwortungsvolles Leben geben. Diese Raumsituationen sollen so flexibel wie möglich sein, um unterschiedliche Altersstufen und soziale Schichten aufnehmen zu können.

13. Material, Form und Gestalt eines Gebäudes weisen über die bloße materielle Existenz hinaus, wenn sie eine besondere Atmosphäre besitzen, die durch ihre räumlichen und materiellen Eigenheiten zum Tragen kommt.

14. Die Gestalt eines Gebäudes macht es als unersetzbaren Bestandteil des übergeordneten Ordnungssystems Stadt symbolhaft erkennbar, also gleichermaßen lesbar wie erlebbar.

15. Im Zusammenfall aller dieser Kriterien wird das einzelne Gebäude Symbol seiner Funktion in der Stadt. Erst die Einheit einer Vielzahl von Gebäuden mit solcher Symbolfunktion kann schließlich auch der gesamten Stadt eine symbolische Bedeutung geben, die für eine künftige Gesellschaft sinnstiftend ist.

16. Für all dies sind wir alle verantwortlich.

DIE LEERFORMELN FÜLLEN

16 THESEN UND 160 FRAGEN

// HANNO RAUTERBERG

Regeln sind gut. Besonders dann, wenn sie etwas abriegeln. Wenn sie nicht das Selbstverständliche formulieren, sondern spürbare Grenzen markieren. Grenzen, die nicht jeder überschreiten mag, Grenzen, die das Richtige vom Falschen scheiden. Was aber ist richtig oder falsch, schön oder schlecht? Und wer entscheidet darüber? Wie wird die Architektur wieder zu einer Frage der Moral? Vermutlich nur, indem man bohrend und hämmernd danach fragt, was Architekten eigentlich tun und was sie tun sollten. Wunderbar also, 16 Leitsätze zu haben – nicht, um sie artig abzunicken, sondern um sich über sie zu streiten. Gelingen kann dieser Streit indes nur, wenn die Thesen ihre scheinbare Allgefälligkeit verlieren, wenn nicht jeder ohne groß zu zögern seine Unterschrift darunter setzen kann. Streit braucht das Konkrete, und dies gibt es nur, wenn wir die Glätte der großen Begriffe durchstoßen. Wenn den 16 Regeln 160 Fragen entgegenstehen:

1. Von welcher Gesellschaft sprechen wir? Gibt es diese überhaupt noch im Singular? Löst sich nicht alles auf ins Plurale? Wird die zentrifugale Kraft, die alles Verbindende zerreißt, nicht immer stärker? An welcher Gesellschaft sollte die Architektur also bauen? Und für welche Gesellschaften sollte sie eintreten? Welches Leitbild eines besseren Lebens schwebt ihr vor?

2. Was ist noch Stadt? Wie definieren wir das Städtische? Welche Glücksvorstellung knüpfen wir daran? Und welche Mittel hat die Architektur eigentlich, die vielen verschiedenen Lebensräume, die sich in einer Stadt öffnen, zu gestalten? Ist Gestalt überhaupt etwas, das Urbanität befördern kann? Oder zerstören? Und wenn ja, wie genau geschieht dies? Oder ereignet sich Stadtleben in Wahrheit unabhängig von dem, was Architekten planen? Denken? Bauen?

3. Was ist heute noch eine „besondere Aufgabe"? Können wir an der alten Vorstellung festhalten, dass sich alles Besondere im Zentrum abspiele? Oder müssen wir uns von der Wirklichkeit belehren lassen, dass auch im Abgelegenen sich das Ungewöhnliche ereignen kann? Dass längst die Peripherie für viele Menschen eine Mitte abgibt? Wer entscheidet, was für wen eine Besonderheit zu sein hat?

4. Was ist heute noch Landschaft? Wo verlaufen noch die Grenzen zwischen Natur und Stadt? Wie lässt sich eine „Struktur" stärken, die es vielerorts nicht mehr gibt? Und was meinen wir mit „Struktur"? Wären wir bereit, für klare Grenzziehungen das Allgemeinwohl über die Individualinteressen zu stellen? Das Sozial- über das Eigentumsrecht?

5. Sind unsere Städte wirklich schon gebaut? Besser: Sind sie so gebaut, dass wir uns dort wohlfühlen? Und welches Wohlgefühl wollen wir befördern? Was heißt „stärken"? Umgekehrt: Was begreifen wir als Schwäche? Was heißt „verbessern"? Welches Bessere ist es, das wir anstreben? Und müssen wir für dieses Bessere nicht auch bereit sein, das Bestehende zu revidieren? Führt nicht das Denken im Bestand zu einem Kniefall vor dem Status Quo? Wollen wir uns wirklich von aller Utopie verabschieden? Von aller Sehnsucht nach dem ganz anderen?

6. Wie, bitte schön, bauen wir dort, wo es keine „Lesbarkeit" gibt? Keinen Bestand, der uns gefällt? Ist die Dürftigkeit des Bestandes nicht die Regel? Wie sollte man sich dort, wo es keine Regeln mehr gibt, an bestehende Regelwerke halten? Wie lässt sich dort nach „Einheitlichkeit" streben? Und von welcher Einheit sprechen wir? Warum überhaupt Einheit? Wo verläuft die Grenze zwischen Einheitlichkeit und Monotonie? Zwischen Verbindlichkeit und Stumpfsinn? Und wollen wir uns Gestaltungssatzungen fügen, um das Gemeinsame wieder zu formulieren? Erhoffen wir uns von einer einheitlichen Architektur auch eine vereinte Gesellschaft? Lebt diese aber nicht das Plurale? Darf und kann sich die Architektur dagegen auflehnen? Gibt es überhaupt noch eine gemeinsame Sprache, die das Lesen der Stadt erlaubt? Und wenn ja, was wollen wir in der Stadt eigentlich lesen?

7. Wieder die Frage: Was ist das Besondere? Wem will man das Besondere untersagen? Gibt es das überhaupt noch: Das Nicht-Besondere? Und was darf man unter „Orientierungsmarken" verstehen? Sind es nur Hingucker? Oder wollen sie uns eine Bedeutung aufweisen? Und woher nehmen wir diese Bedeutsamkeit? Wer gibt uns das Recht, diese zu formulieren? Welches Vokabular hat die Architektur dafür?

8. Was ist eine Haltung? Kann die Architektur eine Haltung haben? Kann sie anständig, ehrlich, wahrhaftig sein? Und auf welche Weise könnte ihr dies gelingen? Durch Konstruktion? Durch Material? Ist ein Sprossenfenster weniger wahrhaftig als eine Panoramascheibe? Oder zählt am Ende nicht vielmehr die Haltung des Architekten? Seine Moral? Was aber wäre ein unmoralischer Architekt? Wenn die „Haltung" über die „spezifische Funktion" eines Hauses hinausweisen soll, auf was weist es denn dann? Und wie soll es dies tun? Wie kann es dies tun? Was bedeutet Habitus? Was heißt Anmutung? Hat nicht jedes Gebäude seinen Habitus? Seine Anmutung? Weist also nicht jedes über sich hinaus? Zählt nicht vielmehr die Richtung, in die es weist?

9. Was ist „ortsgerecht", wenn örtliche Traditionen verschwinden? Was ist Handwerk in einer industrialisierten Gesellschaft? Was bedeutet es, dem Material gerecht zu werden? Und warum muss man dies? Kann nicht Heimattümelei ein Fluch sein? Ein viel größerer als Austauschbarkeit? Kann nicht Materialverschwendung einen wohltuenden Luxus bescheren? Einen Lustgewinn, der Architektur erst zu Architektur macht? Ist die Rede von der regionalen Identität in Zeiten des flexibilisierten Lebens nicht überholt? Braucht es überhaupt Architektur, um Heimat und Herkunft für einen Menschen zu definieren? Sind Freunde nicht viel wichtiger? Die Sprache, das Essen, die Kleidung?

10. Was ist „soziale" Architektur? Was bedeutet „angemessen"? Wer entscheidet darüber? Laien? Jurys? Kritiker? Ist ein flacher Holzbau für einen Kindergarten sozialer, gar angemessener als ein hohes Steinhaus? Und wo verläuft die Grenze zwischen einer „Einfügung des Neubaus" und seiner Unterwerfung? Muss oder darf die Architektur traditionalistisch sein, historistisch gemessen sozial wirken? Oder verlangt man von ihr einen zeitgemäßen Ausdruck um jeden Preis? Soll sie den Kontrast in Kauf nehmen, auch wenn dies auf Widerstand stößt? Was aber ist dies: „zeitgemäß"? Kann nicht auch das Unzeitgemäße zeitgemäß sein, wenn dieses angemessen, also von vielen Menschen so gewollt wird? Was wäre auf dem Berliner Schlossplatz zeitgemäß?

Was sozial? Was angemessen? Was hieße dort „Gegebenheiten"? Fügen wir uns der Museumsinsel und ihren Altbauten? Oder dem gegebenen DDR-Palast? Oder wollen wir doch lieber auf die „Einfügung des Neubaus in seine Umgebung" verzichten?

11. Hat sich das Transparentverdikt nicht erledigt? Ist Rückzug für den Menschen wichtiger als „gesellschaftliche Rückbindung"? Hat nicht die Architektur durch ihre Plädoyers für das Leichte, Luftige, Offene und Zugängliche mit dazu beigetragen, dass sich die Grenzen zwischen Privatem und Publikem immer weiter verflüchtigt haben? Dass der öffentliche Raum seine klare Definition verlieren musste? Gilt es also nicht, die Grenzen wieder deutlich zu markieren? Außerdem: Warum will die Architektur den Menschen exponieren? Ist dieser nicht durch Fernsehen, Internet, Mobilfon nicht überall und ständig „gesellschaftlich rückgebunden"? Wäre also nicht die Beruhigung, die Abkapselung ein viel wichtigeres Ziel?

12. Was ist ein „gesellschaftlich verantwortungsvolles Leben"? Wer soll für wen wann welche Verantwortung übernehmen? Und wie kann die Architektur einen verantwortungsbewussten Menschen erziehen? Müssen die Schlafzimmer klein sein? Die Küchen riesig? Oder umgekehrt? Und können Küchen wirklich auf die Gesellschaft zurückwirken? Wenn ja, wie tun sie dies? Wie verhalten sich privates und öffentliches Leben zueinander?

13. Was dürfen wir unter „Atmosphäre" verstehen? Wie entsteht sie? Wie wirkt sie? Verändert sie sich? Entsteht sie erst im Kopf des Bewohners? Oder gibt es Atmosphäre auch, ohne dass sie vom Menschen wahrgenommen würde? Wandelt sich diese Wahrnehmung im Laufe der Zeit? Oder bleibt sie unverändert? Ist Wahrnehmung eine anthropologische Konstante? Und welche Atmosphäre ist eine gute Atmosphäre? Wollen wir Behaglichkeit? Klarheit? Wärme? Weite? Das Rationale? Das Irrationale? Und wie kann Architektur eine solche Stimmung erzeugen?

14. Muss jedes Gebäude „unersetzbar" sein? Sind manchmal nicht die temporären Bauten viel spannungsreicher? Können sie unsere Städte nicht mehr beleben als das Erstarrte und Selbstverständliche? Muss es nicht in jeder Stadt auch Fremdkörper geben? Brauchen wir diese nicht, um das Normale erleben zu können? Brauchen wir das

Hässliche, das Ersetzbare, um das zu schätzen, was wir als schön und bewahrenswert erachten?

15. Welchen Sinn wollen wir für welche Gesellschaft stiften? Und wer berechtigt uns, diesen Sinn zu definieren? Ihn einer Stadt aufzuprägen? Könnten wir dies überhaupt, selbst wenn wir es wollten?

16. Und wer ist das eigentlich: „Wir"? Man stelle sich vor, wir hätten auf alle diese Fragen eine Antwort, eine vorläufige zumindest. Dann können wir getrost alle Regeln, alle Leitsätze, seien es 16 oder 160, vergessen. Alle Leerformeln hätten sich mit Leben gefüllt. Wir müssten nur noch bauen.

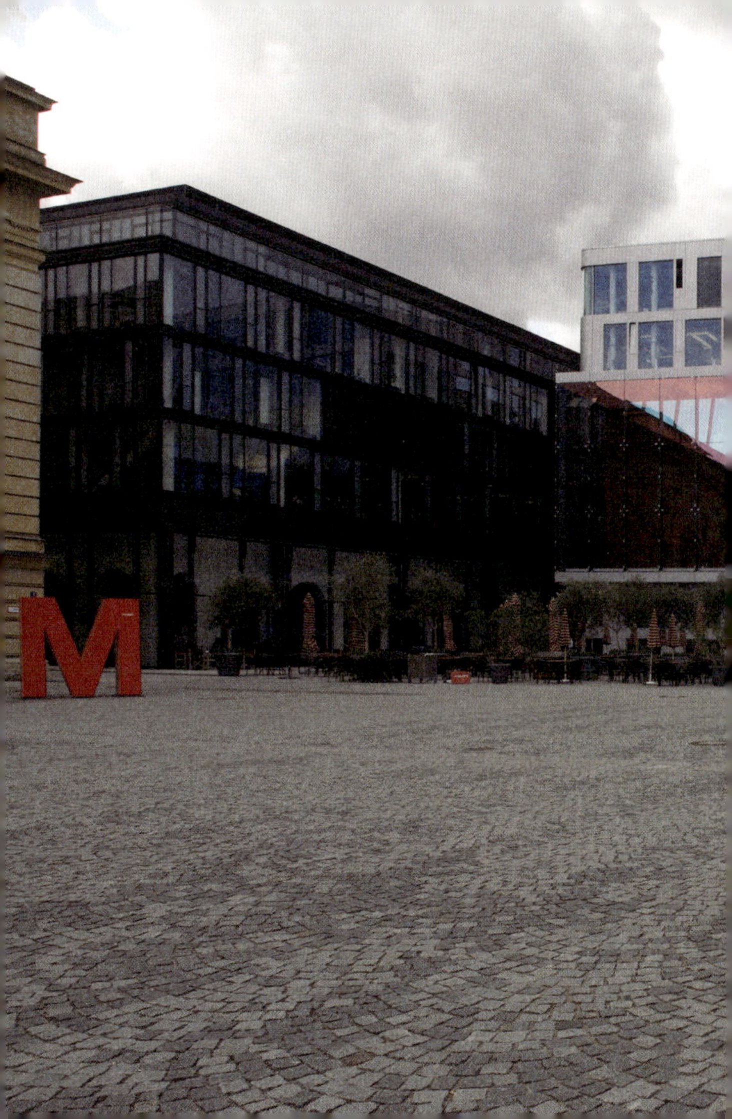

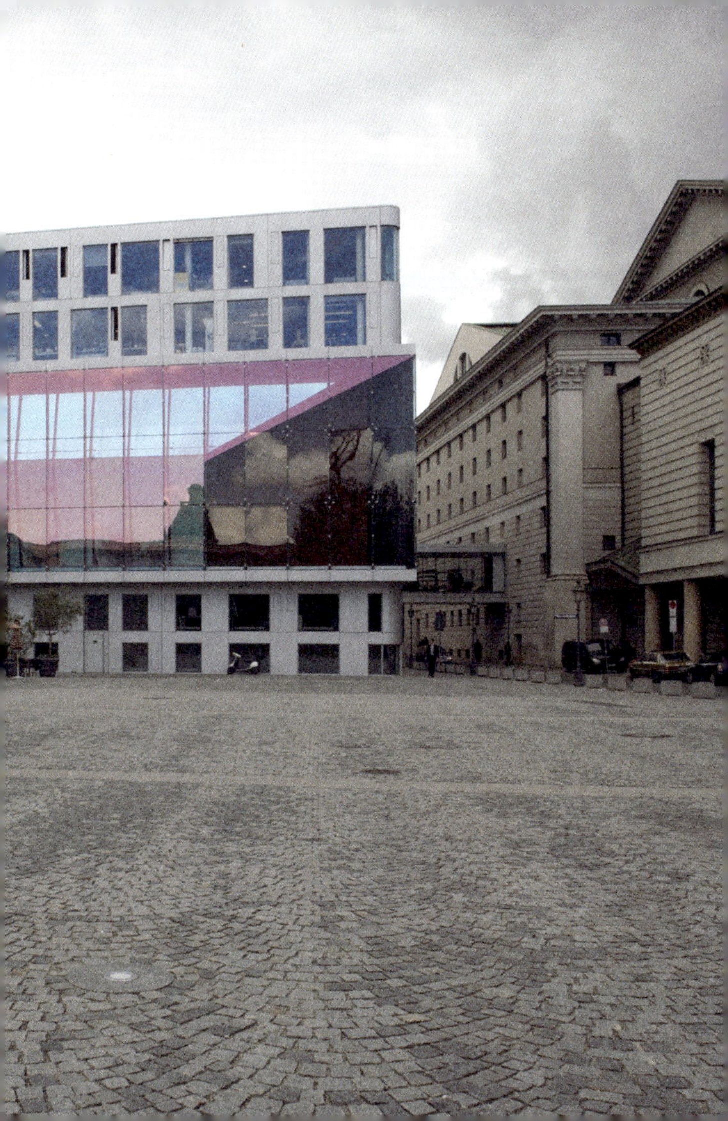

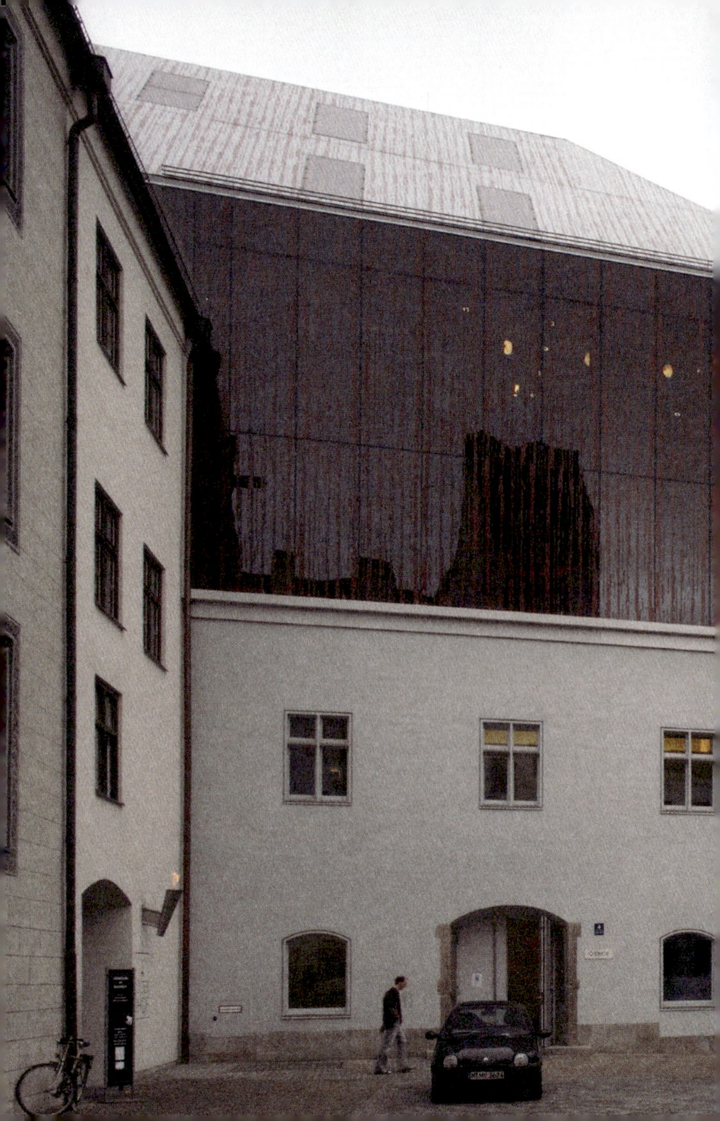

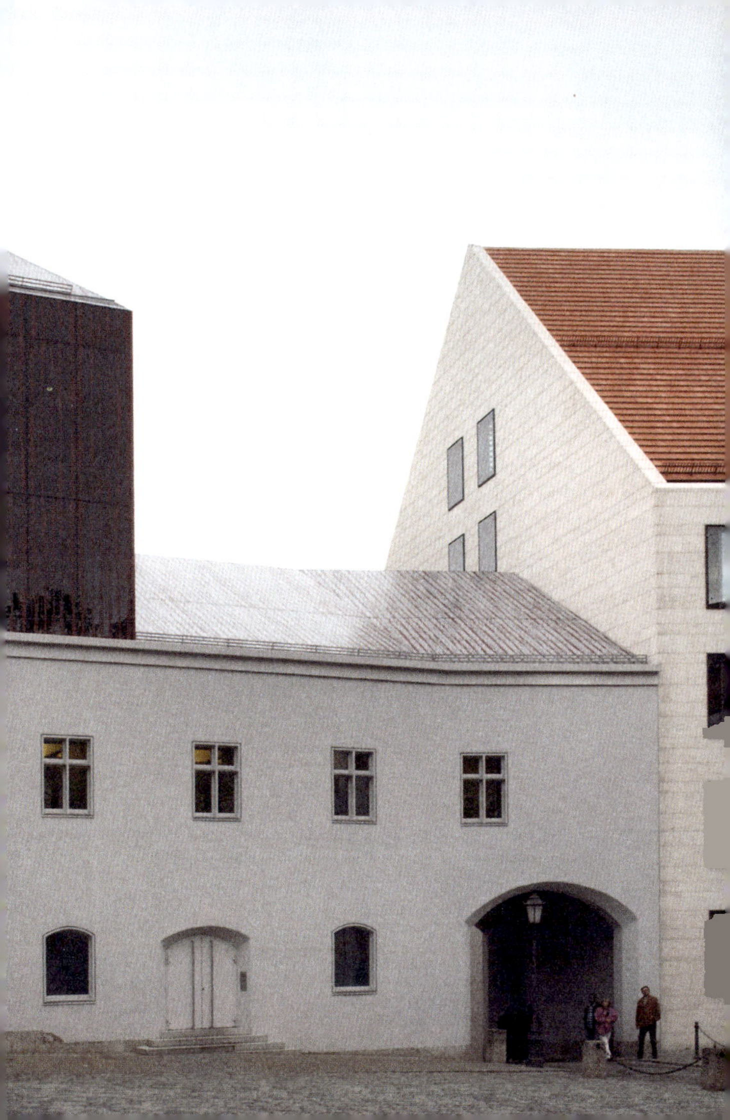

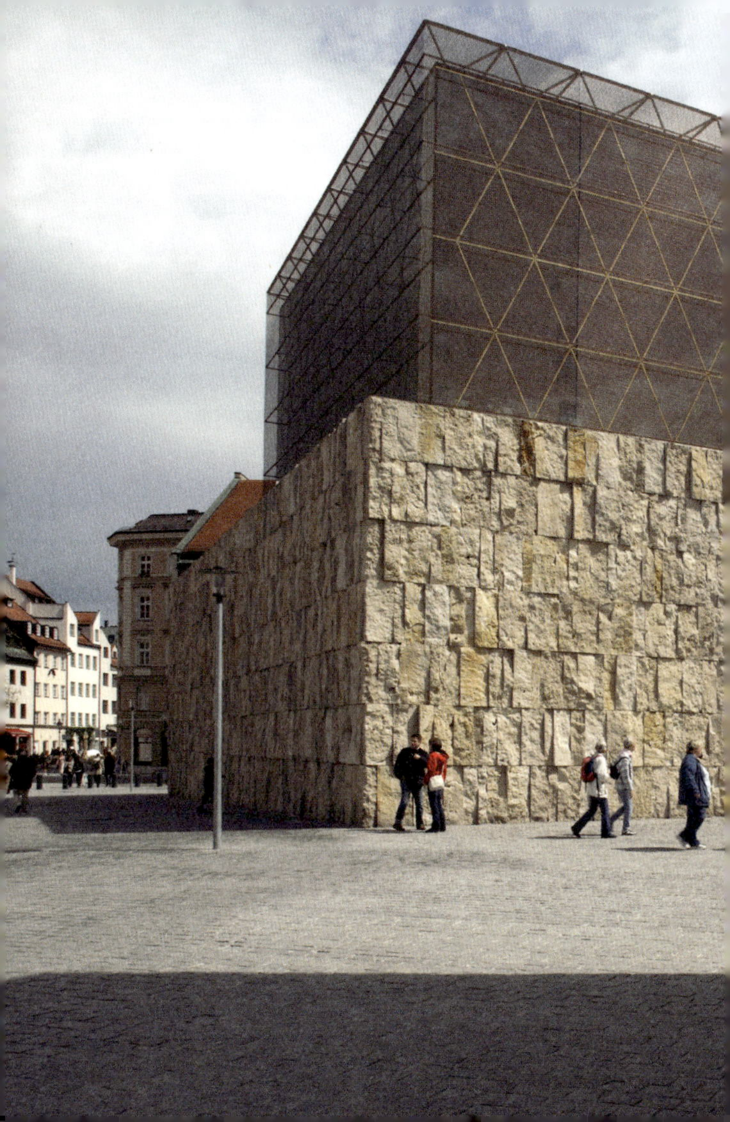

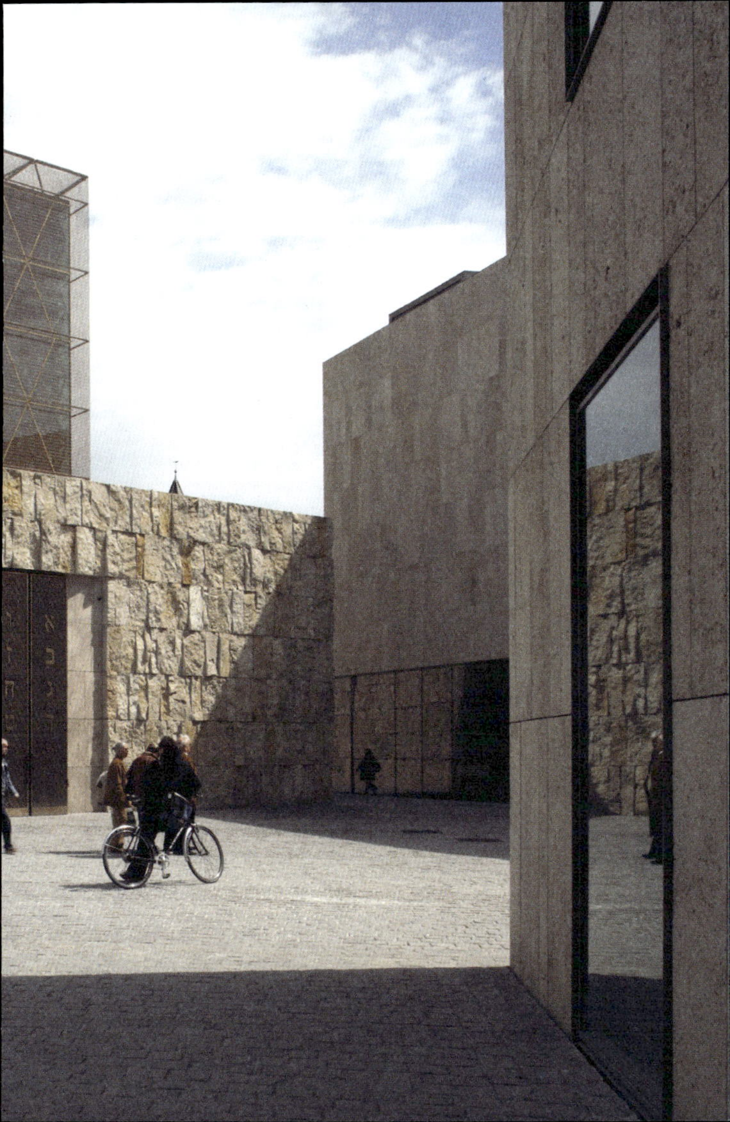

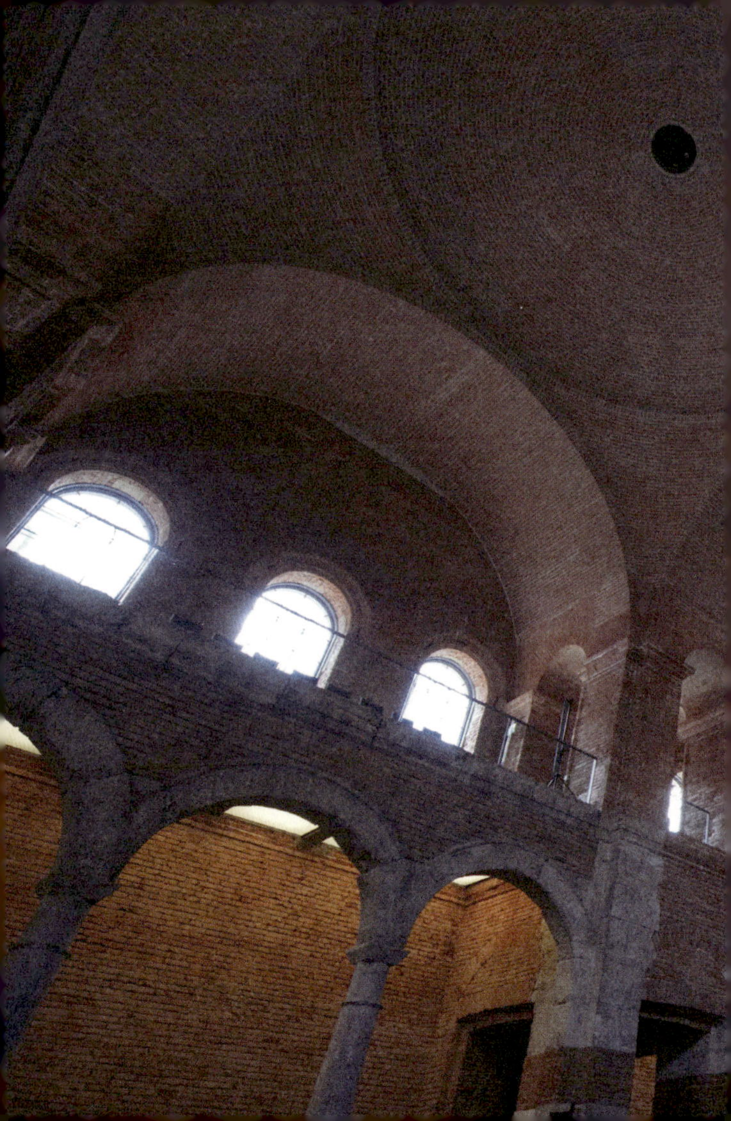

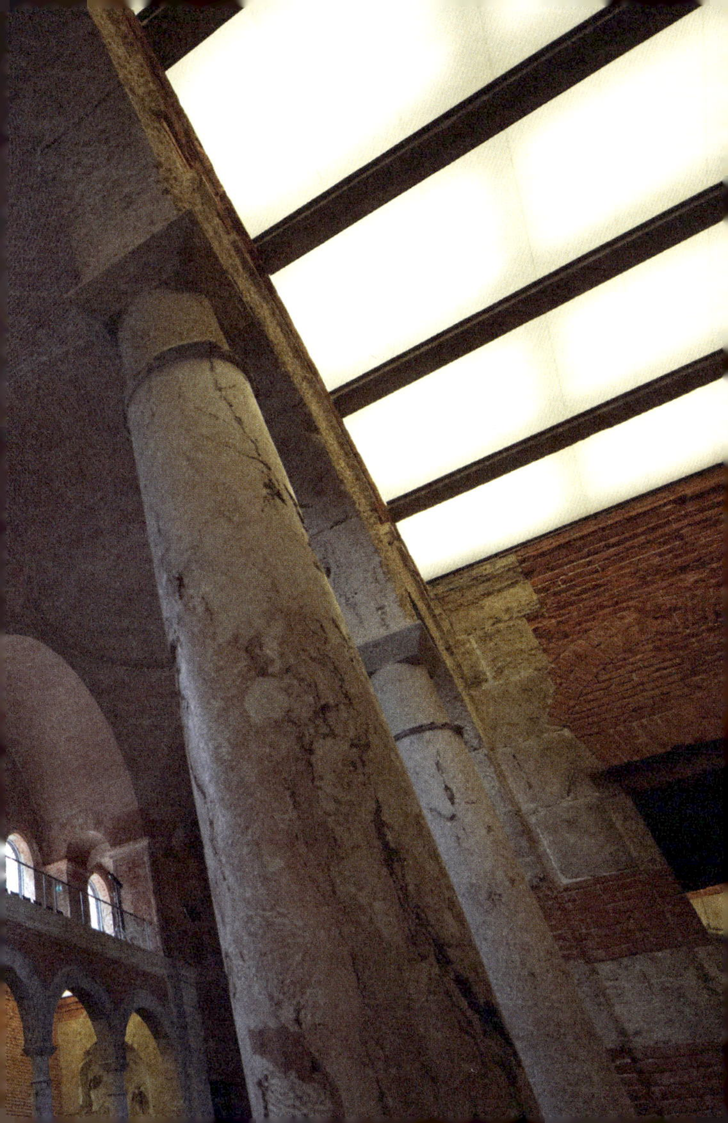

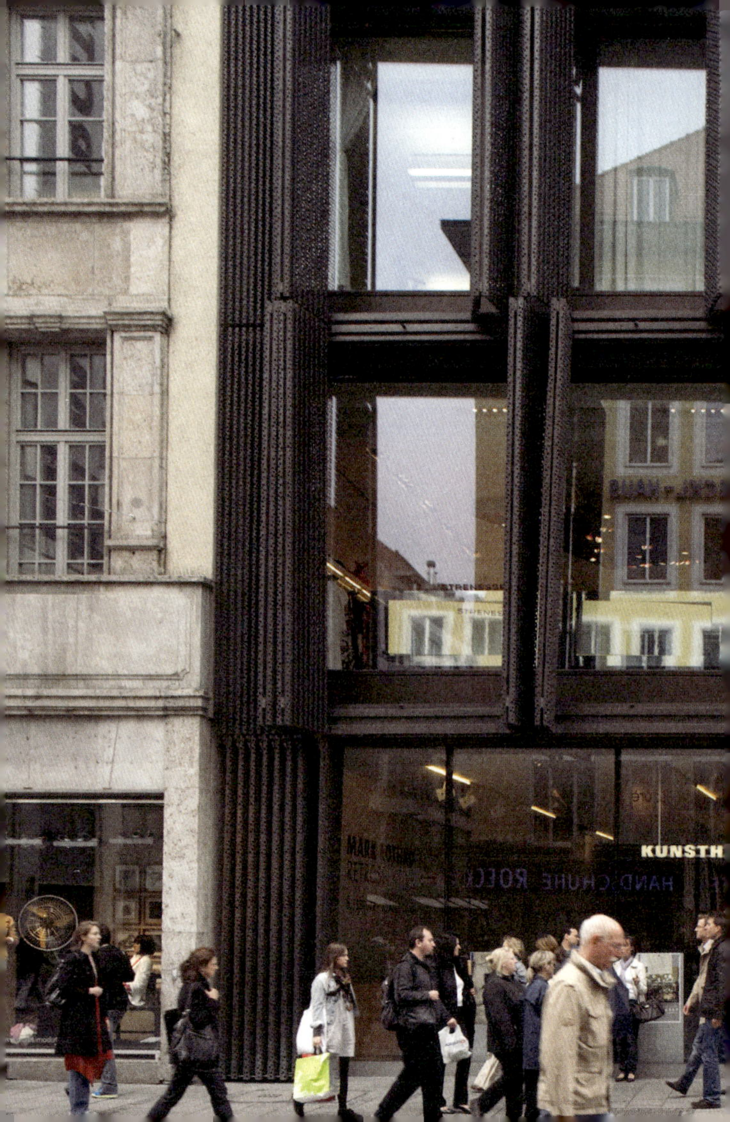
KUNSTH

FÜNF HÖFE

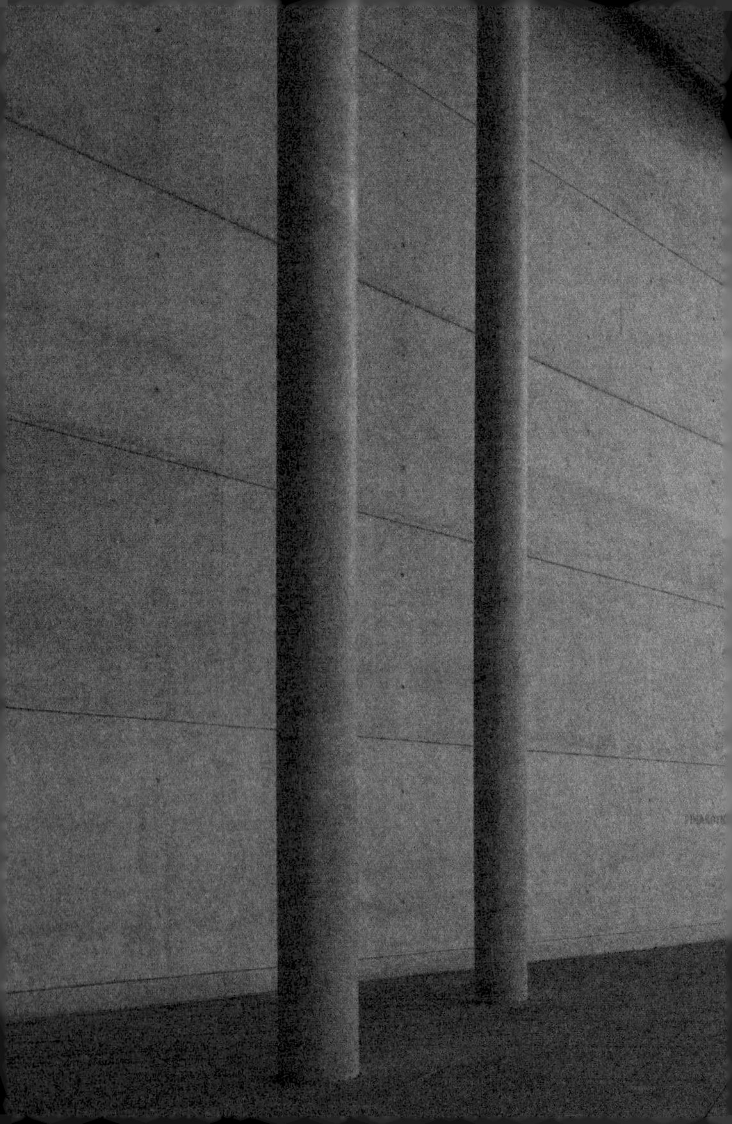

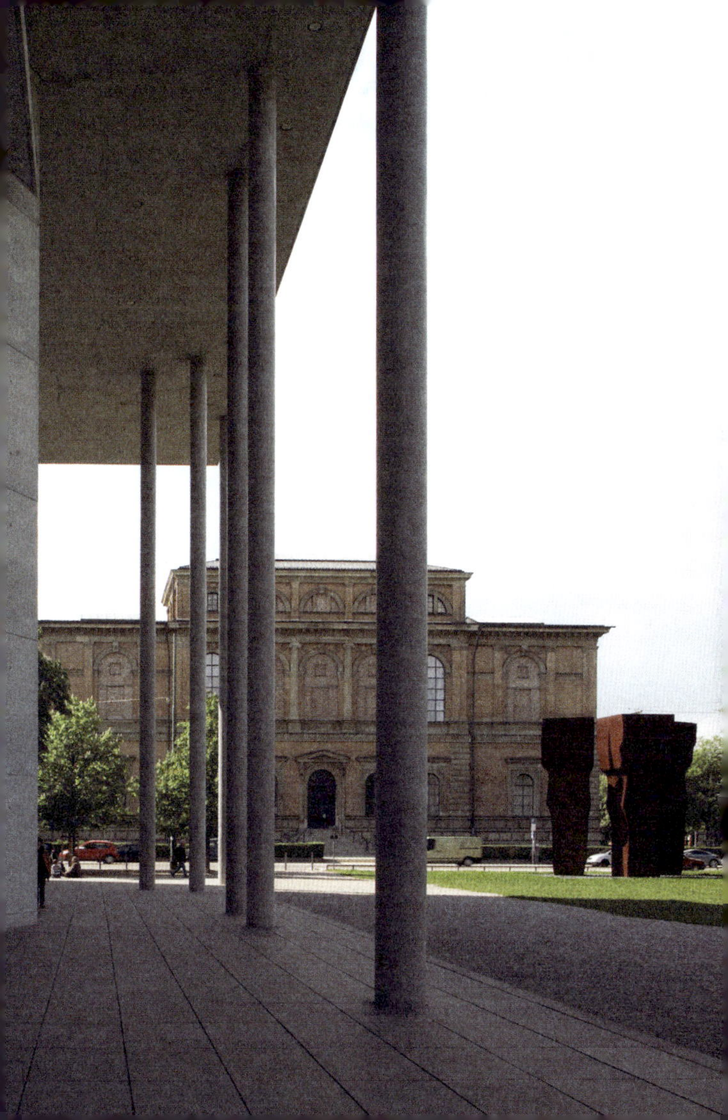

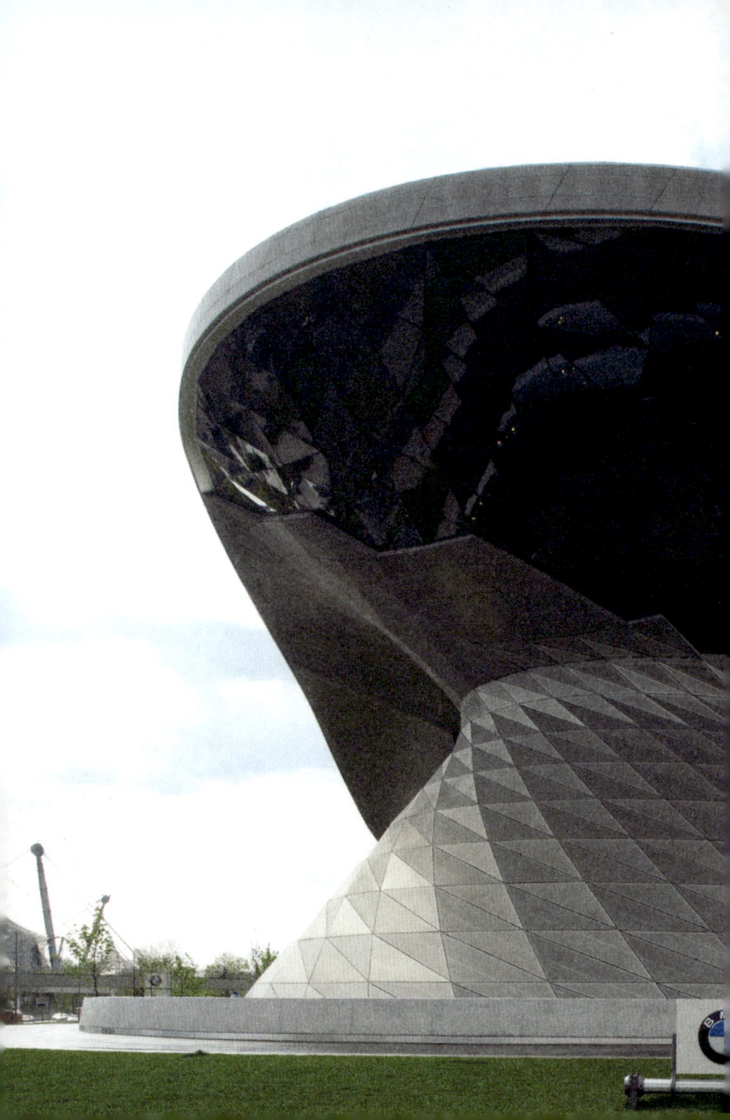

BMW Welt

VERANTWORTEN

// MARIE AIGNER
AIGNER ARCHITECTS

A MÜNCHEN, EIN ARCHITEKTURSTANDORT – WAS BEDEUTET PLANEN UND BAUEN IN MÜNCHEN?

Aufgrund der langen städtebaulichen Bautradition ergibt sich eine hohe Verantwortung für den Planer. Die Stadt erzeugt Respekt und vermittelt Qualität hinsichtlich der Verbindung von Alt und Neu, Tradition und Moderne. Desweiteren erzeugt die lange Liste namhafter Vorgänger eine hohe Erwartungshaltung des Betrachters/Nutzers und eine hohes Anspruchsdenken der jungen Architektenschaft.

B NEUES SELBSTBILDNIS DES ARCHITEKTEN – ARCHITEKTEN ALS ELITE UND ODER AKTIVE TEILNEHMER IN EINEM KOMPLEXEN MARKT?

Architektur in seiner guten Form beruht auch auf einem anhaltenden und intensiven Ideenaustausch zwischen den Gestaltern und Nutzern über die ästhetischen, ökonomischen, sozialen und kulturellen Verantwortlichkeiten bzw. Ziele. Der Architekt ist somit aktives Mitglied dieses Verständigungsprozesses, welcher letzendlich immer die Frage nach dem angenehmen Leben und Arbeiten in gebauter Umwelt aufwirft.

C ORIENTIERUNG AN MARKTBEDÜRFNISSEN – DER ARCHITEKT ALS IMPULS-GEBER, STRATEGISCH UND LOGISTISCH KLAR AUFGESTELLT, MIT KOMMUNIKATIONSKOMPETENZ UND ZIELFÜHRENDEN INNOVATIONSSTRATEGIEN?

Welche wären:
- Ökonomie. Ein Großteil der Bauherren erwarten ein kosten- nicht günstiges sondern gerechtes Gebäude. Intelligente Grundrisse, Materialauswahl, Zeit- und Planungsabläufe führen nicht zwangsläufig zu Geschmacklosigkeiten. Manchmal ist das Ergebnis eine durchaus ansprechende ästhetische Kargheit, manchmal einfach nur gute Architektur.
- Dialog. Die Ziele und Wünsche der Nutzer, besonders aber der Bewohner darf mit dem Gebautem nicht kollidieren. Dies erfordert Kommunikationskompetenz von beiden Seiten
- Interdisziplinäres Arbeiten. Über die letzten zehn Jahre ist eine Parallelwelt im Cyberspace entstanden. In dieser Virtualität bewegen wir uns tagtäglich und weltweit. Dieses enorme Potenzial gilt es zu verstehen und zu nutzen und die dafür notwendigen Techniken bereit zu halten.
- Ökologie. Zeitgerechtes Bauen erfordert auch ökologische Verantwortung. Diese beginnt nicht erst beim Bau, sondern bei der Produktion der Materialien und endet bei deren Entsorgung.

D STRATEGISCHE AUSRICHTUNG VON ARCHITEKTEN – GENERALIST ODER SPEZIALIST?

Ein disziplinübergreifender Generalist: Der Architekt hat neben gestalterischen und technischen auch kaufmännische und juristische Aufgaben zu erfüllen. Er soll ethisch korrekt denken und arbeiten, mit sozialer und ökologischer Verantwortung und überdies Bauwerke von kulturellem Mehrwert erzeugen. Eine Spezialisierung ergibt sich meist zusätzlich über ein hohes Pensum an Erfahrung in einem oder mehreren Bausektoren.

E WISSEN ALS WERTSCHÖPFUNGSOPTION – DER MEHRWERT DES ARCHITEKTEN?

Die Entwicklungen in diesem Bereich sind zum Teil so schnell und komplex, dass sie in ihrer Vielfalt ohne fachliche Unterstützung nur mikroskopisch genutzt werden können. Der Architekt dient optimalerweise als Sprachrohr, Übersetzer, Motor, Berater und Motivator des Bauherren. Sein Schaffensziel ist somit immer die Verbesserung, das Erzeugen eines Mehrwerts.

F QUO VADIS MÜNCHEN – WO LIEGT DAS POTENZIAL?

Wir nehmen unsere Umwelt bewusst oder unbewusst wahr. Dadurch werden Stimmungen und Empfindungen erzeugt, und oftmals über Jahre hinweg auch geändert. Das vormals Hässliche und Fremde erscheint urplötzlich als schön und vertraut. Diese Tatsache sollte zu innovativen, zeitgerechten und mutigen Entwürfen anspornen. Desweiteren hat München als begehrter Architekturstandort natürlich auch die Möglichkeiten, bei der Bauherrenschaft das Interesse für ethisch korrekte Bauwerke zu schaffen.

G DER TRAUM VOM RAUM – IHR LIEBLINGSPROJEKT?

Ich sehe den Architekten als Gestalter der Umwelt – somit wäre mein Traum vom Raum mehr der Traum, eine neue Stadt vom Reißbrett aus zu entwerfen. Den Mikro- in den Makrokosmos zu übertragen. Die ökonomischen, ökologischen, ethischen, sozialen, kulturellen Bedürfnisse zusätzlich mit Fragen um Klima, Politik, Geschichte und Infrastruktur zu ergänzen. Das Ausnützen sämtlicher Softskills des Architekten und das interdisziplinäre Arbeiten par Excellence. Großartig.

H LEBENSLAUF

MARIE AIGNER / DIPL.-ING. ARCHITEKTIN BDA
Studium der Architektur in München, Wien und Paris. Lehrjahre in Frankreich, USA und Israel. Selbständig mit eigenem Büro seit 2000, Tätigkeiten in Deutschland, Schweiz, Großbritannien, Oman und USA.

I BÜROADRESSE

Aigner Architects
Grafinger Straße 6 / H 44
81671 München
T. 089 / 18 90 88 89 - 0
F. 089 / 18 90 88 89 - 99
info@aigner-architects.de
www.aigner-architects.de

OFFEN SEIN

// SASCHA ARNOLD
ARNOLD WERNER

A MÜNCHEN, EIN ARCHITEKTURSTANDORT – WAS BEDEUTET PLANEN UND BAUEN IN MÜNCHEN?

Nachdem München vor allem am Ende des Zweiten Weltkrieges zu großen Teilen zerstört wurde, war sogar eine Verlagerung der gesamten Stadt an den Starnberger See angedacht. Man entschied sich aber für einen Wiederaufbau bzw. eine Wiederherstellung der historischen Strukturen und Gebäude. Daraus entwickelte sich im Laufe der Jahre ein engmaschiges Netz aus Vorschriften des Denkmalschutzes und baurechtlichen Vorgaben. Dies bedeutet zunächst eine starke Reglementierung, Begrenzung! Andererseits gibt es gerade hier solvente Bauherren, die modernen Konzepten sehr offen gegenüberstehen.

B NEUES SELBSTBILDNIS DES ARCHITEKTEN – ARCHITEKTEN ALS ELITE UND ODER AKTIVE TEILNEHMER IN EINEM KOMPLEXEN MARKT?

Trotz der langjährigen akademischen Ausbildung und des großen Fachwissens, welches benötigt wird, würde ich Architekten nicht grundsätzlich zur Elite zählen. Aber es gibt natürlich Ausnahmen, Menschen, die durch ihre visionären Bauten und ihr Lebenswerk diesem Status durchaus gerecht werden. Allerdings ist die Wertschätzung unseres Berufsstandes in den letzten Jahrzehnten rapide gesunken. Die Gesellschaft konzentriert sich mehr auf eine prominente Bauherrschaft, als auf die Qualität der Umsetzung bzw. das Können der Architekten.

Durch die mediale Verzerrung werden heutzutage eher sogenannte Promifriseure, Soapstars oder ehemalige Nacktmodelle in Talkshows eingeladen bzw. als Elite wahrgenommen.

C ORIENTIERUNG AN MARKTBEDÜRFNISSEN – DER ARCHITEKT ALS IMPULS-GEBER, STRATEGISCH UND LOGISTISCH KLAR AUFGESTELLT, MIT KOMMUNIKATIONSKOMPETENZ UND ZIELFÜHRENDEN INNOVATIONSSTRATEGIEN?

Natürlich ist ein guter Architekt ein Impulsgeber. Er setzt die oft nur in den Köpfen der Bauherren existierenden Vorstellungen zuerst in Bilder und dann in die dritte Dimension und Realität um. Sein Können und sein Gefühl für Räume und Materialien tragen zu einem großen Teil zum Gelingen oder Scheitern von Projekten bzw. innovativen Strategien bei.

D STRATEGISCHE AUSRICHTUNG VON ARCHITEKTEN – GENERALIST ODER SPEZIALIST?

Das Studium der Architektur deckt vielfältige Sparten unseres Lebens ab, von Recht über Mathematik, Wirtschaft, Gestaltung, Materialkunde bis hin zur Textverarbeitung bzw. CAD. Allerdings spezialisieren sich viele Büros heutzutage auf gewisse Teilbereiche der Architektur. Manche übernehmen lediglich die Entwurfsbereiche und entwickeln Leitdetails, andere setzen diese dann um, schreiben aus bzw. setzen die Bauten um. Da auf den Architekten immer mehr Verantwortung abgelegt wird bzw.

die Haftung viele Büros in die Insolvenz geführt hat, konzentrieren sich immer mehr Büros auf Teilbereiche, in denen sie Spezialisten sind.

F QUO VADIS MÜNCHEN – WO LIEGT DAS POTENZIAL?

Dank geringer Kriminalität, angenehmem Klima, großartiger Freizeitmöglichkeiten und einem hohen Kulturangebot gilt München als eine der lebenswertesten Städte der Welt. Gepaart mit der hohen Kaufkraft und Investitionsbereitschaft der Bevölkerung können auf lange Sicht interessante und innovative Projekte entstehen. Meiner Ansicht nach gibt es momentan, im Gegensatz zu einigen vergangenen Jahrzehnten, wieder einen höheren Anspruch an Gestaltung. Nur mit wegweisenden Projekten, wie den Olympia-Anlagen, den Fünf Höfen oder des neuen Fußballstadions, erhält sich München den Status einer Stadt von Welt.

G DER TRAUM VOM RAUM – IHR LIEBLINGSPROJEKT?

Im Moment ist dies der Cafékiosk Valderama, ein sehr kleiner Laden in der Barerstraße. Hier bekomme ich jeden Morgen einen guten Café, wie ich ihn mir schon lange bei mir um die Ecke gewünscht habe.

H LEBENSLAUF

SASCHA ARNOLD

*1968 in Krumbach
1987 Abitur, Leistungskurse Kunst und Englisch
1989–1994 Architekturstudium FH Augsburg (Diplom Prof. Sabatke)
1994–1996 Akademie der Bildenden Künste München, Prof. Otto Steidle, Prof. Erich Schneider-Weßling

Ausstellung:
1996 Architekturmuseum Berlin Konzept KDF Bad Prora
1996 Stadtmuseum München Konzept neue Müllcontainer

Praxis:
1995–1998 Wettbewerbe für Otto Steidle
1998–2000 Freier Mitarbeiter bei Albert Weinzierl
2000–2002 Detaillist bei Herzog & de Meuron

Architekturprojekte Auszüge:
1997–1998 Haus Binder, Gauting
1998–1999 Beachhouse Jäger, Bachern
2000 Orangha bar, Klenzestraße 62, München
2000–2002 Umbau Sanierung Baldestraße 5, München
2001 Umbau ZKV Nachtclub, Maximilianstraße 11, München
2002 Entwurf und Eingabe Umbau Sanierung Trogerstraße 44, München

2002 Büro Euroboden GmbH Baldestraße 5, München
2002 Penthouse Baldestraße 5, München
2003 Neukonzeption Modehaus Daniels Neumarkt 11, Köln
2004 Friseursalon Timo Leibner Maximilianhöfe, München
2004 Lobbys Maximilianhöfe, München
2004 – 2005 Ladenumbau Kickz, München
2005 Riva Bar Pizzeria, Feilitzschstraße, München
2005 Neva Bar Club, Maximilianstraße, München
2005 Edmoses Bar, Prinzregentenstraße, München
2006 LUWA Energie Wasserkraftwerk, Augsburg
2006 Allude GmbH, China
2006 Bavaria Film GmbH, Bavaria Filmplatz, München
2006 – 2008 Dallmayr, diverse internat. Interieurprojekte und Showrooms
2006 – 2007 Hotel Viktualienmarkt, München
2007 APC, Elsenheimer Straße, München
2007 LAX Club, Altstadt, Landshut
2008 Beachhouse, Seeheim, Starnberger See
2008 Kickzladen Müntstraße Berlin Mitte
2008 Cafékiosk Valderama München
2008 FC Bayern München Leistungszentrum Säbenerstraße

| **BÜROADRESSE**

Sascha Arnold
Seitzstraße 8
80538 München
T. 089/20 20 60 03
F. 089/20 23 20 99
info@arnoldwerner.com
www.arnoldwerner.com

VERTRAUEN

// MARTIN ATZINGER
   ATZINGERCHAVES – LANDSCAPES & ARCHITECTURE

A MÜNCHEN, EIN ARCHITEKTURSTANDORT – WAS BEDEUTET PLANEN UND BAUEN IN MÜNCHEN?

Ein Büro in der Stadt des Handwerks bedeutet enge Zusammenarbeit mit innovativen und traditionsreichen Firmen und erfreulich hoch angesetzte Standards für Planung und Ausführung.
München eignet sich ideal für den zunehmend gefragten Export von Planungs- und Bauleistungen nach Europa und den Rest der Welt. Bauherren folgen gerne einer Einladung nach München und lernen in lockerer Atmosphäre unsere Arbeitsweise, die Lieferanten und die gebaute Qualität kennen.

B NEUES SELBSTBILDNIS DES ARCHITEKTEN – ARCHITEKTEN ALS ELITE UND ODER AKTIVE TEILNEHMER IN EINEM KOMPLEXEN MARKT?

Für Architekturschaffende gilt im Gegensatz zu anderen Branchen folgende Ausnahmesituation: Der Abnehmer geht auf den Anbieter zu, nicht umgekehrt. Meist findet eine Kontaktaufnahme mit dem Architekten über persönliche Empfehlungen und nach Besichtigung von Referenzobjekten statt.
Wer den Markt bewerben möchte, muss die eben beschriebene Situation zumindest simulieren, wie es z. B. bei Veröffentlichungen oder in eingeschränkten Wettbewerbsverfahren der Fall ist. Die geringe Streuung mag elitär und wenig progressiv wirken, schafft jedoch ein hohes

Maß an Vertrauen und in der Folge stabile und langwährende Geschäftsbeziehungen.

> **C** ORIENTIERUNG AN MARKTBEDÜRFNISSEN – DER ARCHITEKT ALS IMPULSGEBER, STRATEGISCH UND LOGISTISCH KLAR AUFGESTELLT, MIT KOMMUNIKATIONSKOMPETENZ UND ZIELFÜHRENDEN INNOVATIONSSTRATEGIEN?

Der Markt, den atzingerchaves bedient, fordert auf höchstem Niveau sowohl formale Ausdruckskraft als auch handwerkliches Können. Wir ergänzen die üblichen computer- und internetbasierten Planungs-, Kommunikations- und Präsentationsmittel mit traditionellen Darstellungs-, Bemusterungs- und Simulationsmethoden.
Unser Studio in einer ehemaligen Fabrikhalle bietet zum Beispiel genügend Volumen, um komplexe Raumfolgen eines Wohnhauses im Maßstab 1:1 simulieren zu können. Materialien und Oberflächen werden im Original anhand von Mood Boards bemustert und selbst wenn ein Bauherr im Ausland nur über Websites am Planungs- und Entscheidungsprozess beteiligt ist, werden für fast alle Bauvorhaben Arbeits- oder Beleuchtungsmodelle hergestellt.
Visionen müssen für alle Beteiligten fassbar sein, bevor sie in die gebaute Realität umgesetzt werden. Dies gilt nicht nur für Auftraggeber sondern auch für Planungspartner und ausführende Firmen.

D STRATEGISCHE AUSRICHTUNG VON ARCHITEKTEN – GENERALIST ODER SPEZIALIST?

Generalist zu sein ist unsere Pflicht und täglicher Ausdruck unserer beruflichen Verantwortung. Spezialisierung ist unsere Kür, sie dient der Qualitätssicherung und Vertiefung des architektonischen Ausdrucks in der betreffenden Bauaufgabe bis ins kleinste Detail.
Dennoch sollte Spezialwissen oder gar Routine in unserem Schaffen niemals bestimmend sein, ganz nach dem wunderbaren Spruch von Will Alsop: „Wenn du weißt, dass du etwas kannst, vergiss es und mach etwas anderes!"

E WISSEN ALS WERTSCHÖPFUNGSOPTION – DER MEHRWERT DES ARCHITEKTEN?

Wissen ist ein Rohstoff, der vom Architekten mit Verantwortungsbewusstsein und architektonischem Instinkt für die praktische Anwendung erschlossen wird. Im architektonischen Instinkt liegt meines Erachtens der Mehrwert des Architekten, er wird genährt und gestützt von: Mut und Demut in gleichem Maße, Sozialkompetenz, Konfliktbewusstsein, Innovationsstreben, Sinnlichkeit, Kenntnis oder Erfahrung des Ortes und seiner Geschichte/Kultur, Reflektion in Vergangenheit, Gegenwart und Zukunft, Durchhaltevermögen, Überzeugungskraft, Termin- und Kostenverantwortung.

F QUO VADIS MÜNCHEN – WO LIEGT DAS POTENZIAL?

„Geh' weiter Zeit, bleib steh'n!" Die Stärke von München ist die Beständigkeit und Nachhaltigkeit, das Denken in Generationen und der stabile Blick in die Zukunft. München wird nie Hauptstadt der Avantgarde werden, doch die wenigen gebauten Experimente und visionären Gebäude, wie z. B. Bauten aus der Olympiazeit, werden in München bewahrt und gepflegt und prägen mit der Zeit das Stadtbild.

G DER TRAUM VOM RAUM – IHR LIEBLINGSPROJEKT?

Die Planung und Ausführung einer Klosteranlage inmitten einer Großstadt.

H LEBENSLAUF

MARTIN ATZINGER

*1972 in Wettenhausen, Mittelpunkt des schwäbischen Barockwinkels
1998 Abschluss des Architekturstudiums an der Universität Kassel
1998 Mitarbeit bei ott Architekten, Latz und Partner, GTL Landschaftsarchitekten
2002 Mitarbeit tec Architecture in Los Angeles
2004 Gründung atzingerchaves in München

BÜROADRESSE

atzingerchaves Landscapes & Architecture
in der Kultfabrik, Halle 7
Grafinger Straße 6
81671 München
T. 089/54 03 41 0
F. 089/54 03 41 15
mail@atzingerchaves.com
www.atzingerchaves.com

ENGAGIEREN

// UDO LEMKE
BEEG GEISELBRECHT LEMKE ARCHITEKTEN GMBH

A MÜNCHEN, EIN ARCHITEKTURSTANDORT – WAS BEDEUTET PLANEN UND BAUEN IN MÜNCHEN?

München bedeutet den Spagat zwischen Alpenmetropole und Weltstadt, zwischen Tradition und weltoffener Innovation, und das nicht nur für einige Highlights, sondern vor allem für das normale Bauen als eigentlicher Träger der baulichen Kultur – hier sind wir alle als Münchner angesprochen.

B NEUES SELBSTBILDNIS DES ARCHITEKTEN – ARCHITEKTEN ALS ELITE UND ODER AKTIVE TEILNEHMER IN EINEM KOMPLEXEN MARKT?

Architektur vermittelt zwischen allen Bereichen der Gesellschaft – Architekten mit ihrer besonderen Sensibilität für das bauliche Gestalten von Räumen kommt eine Schlüsselrolle im Baugeschehen zu – als Impulsgeber und Moderator gilt es, diese auch im heutigen Umfeld angespannter Finanzlagen weiter auszubauen.

C ORIENTIERUNG AN MARKTBEDÜRFNISSEN – DER ARCHITEKT ALS IMPULSGEBER, STRATEGISCH UND LOGISTISCH KLAR AUFGESTELLT, MIT KOMMUNIKATIONSKOMPETENZ UND ZIELFÜHRENDEN INNOVATIONSSTRATEGIEN?

Die Grundbedürfnisse aller an der Architektur sind unverändert – die Anforderungen an die Umsetzung haben sich jedoch stark gewandelt. Dem ist zu begegnen mit einer Mischung aus kreativer Offenheit auf der einen Seite und einer zielgerichteten, ressourcenschonenden und natürlich kommunikativen Logistik in der Projektabwicklung auf der anderen Seite. Der strategisch schwer fassbare, aber unverzichtbare kreative Anteil unterscheidet Architektur von vielen anderen Prozessketten – Architektur in ihrer Gesamtheit ist naturbedingt kein Fließbandprodukt in Serienfertigung.

D STRATEGISCHE AUSRICHTUNG VON ARCHITEKTEN – GENERALIST ODER SPEZIALIST?

Als Generalist behält der Architekt den Überblick über immer mehr Spezialdisziplinen, die das Bauen in einem zunehmend komplexeren Markt hervorbringt – zuweilen wird er dabei selbst zum Spezialisten.

E WISSEN ALS WERTSCHÖPFUNGSOPTION – DER MEHRWERT DES ARCHITEKTEN?

Engagierte Architekten lassen aus Bauteilen interessante Orte und Räume entstehen – Orte und Räume mit nicht quantifizierbarem, wohl aber erlebbarem Wert – wer sonst sollte das machen?

F QUO VADIS MÜNCHEN – WO LIEGT DAS POTENZIAL?

Die Lebensqualität, die München bietet, ist hoch – sie zu erhalten, aber vor allem auch fortzuschreiben, ist die Herausforderung – dies erfordert gerade in den städtischen, soll heißen (noch) nicht privatisierten Bereichen des gesellschaftlichen Lebens große Anstrengungen – gerade die öffentlichen Räume und die ureigenen öffentlichen Bauaufgaben im Sozialbereich, die Plätze, die kulturellen Bauten, die Schulen, aber auch die Kliniken und Altenheime und nicht zuletzt das öffentliche Grün prägen in ihrer Gesamtheit die Lebensqualität.

| **G** | DER TRAUM VOM RAUM – IHR LIEBLINGSPROJEKT? |

Einen Erlebnisraum über die Isar spannen und diesem einzigartigen Stadtraum im Bewusstsein Münchens einen neuen Impuls geben …

H LEBENSLAUF

UDO LEMKE / DIPL.-ING. UNIV. ARCHITEKT
*1966 in München
1986 – 1992 Architekturstudium / Diplom TU München
1992 Architekturbüro Prof. Elmar Dittmann
1993 Architekturbüro Ott - Geiselbrecht - Beeg + Partner
1998 Architekturbüro Geiselbrecht - Beeg + Partner
1997 – 2005 Projektleiter / Projektpartner für diverse Bauvorhaben aus dem Bereich Gesundheitswesen / Bauten für Forschung und Lehre
2005 Geschäftsführender Gesellschafter im Büro Beeg - Geiselbrecht - Lemke Architekten GmbH

BÜROADRESSE

Beeg - Geiselbrecht - Lemke Architekten GmbH
Truderinger Straße 13
81677 München
T. 089 / 45 79 15 - 0
F. 089 / 45 79 15 - 46
lemke@bgl-architekten.com
www.bgl-architekten.com

GANZHEITLICH DENKEN

// GEORG BRECHENSBAUER, CLAUS WEINHART
  BMBW ARCHITEKTEN BDA + PARTNER

A MÜNCHEN, EIN ARCHITEKTURSTANDORT – WAS BEDEUTET PLANEN UND BAUEN IN MÜNCHEN?

Gibt es einen Unterschied zu anderswo? Unsere Erfahrung ist ja und nein. Oft sind wir in anderen Städten freundlich aufgenommen worden. Entgegenkommen, Unterstützung durch die Behörden, Interesse und gemeinsames Wollen. Aber das „Mir san Mir" gibt es woanders auch. Und da klingt es dann noch eingebildeter. Dünkel gibt es überall, der Sache nützt es nie. Die Promis haben es wohl einfacher. Gewünscht, ersehnt, von der oder dem sollte man doch etwas haben. Dann wird es halt global wie überall, beliebig bunt, hoch zwar nur am Rand, international und nicht eigen. Aber weshalb sollte es hier auch anders sein. Eine große Stadt mit großer gebauter Vergangenheit. Hier zu bauen und objektiv zu gefallen, ist wirklich nicht leicht.

B NEUES SELBSTBILDNIS DES ARCHITEKTEN – ARCHITEKTEN ALS ELITE UND ODER AKTIVE TEILNEHMER IN EINEM KOMPLEXEN MARKT?

Der Markt verändert sich. Die Architektendichte in Deutschland lässt den Architekten in der Breite mehr als Massenartikel denn als Elite erscheinen. Er ist auf Grund der komplexen Vorgänge, der sich ständig verändernden Vorschriften mehr denn je gezwungen, auf Sachverständige zurückzugreifen. Das immer höher werdende Haftungsrisiko, die höher werdende Bereitschaft Einzelner, sich juristisch zu „bemühen", verstärkt diesen Umstand. Die Position des Architekten muss gestärkt werden, um einen Eliteanspruch ableiten zu können. Architekten müssen abgegebene Felder zurückgewinnen und neue Bereiche besetzen.

> **C** ORIENTIERUNG AN MARKTBEDÜRFNISSEN – DER ARCHITEKT ALS IMPULS-GEBER, STRATEGISCH UND LOGISTISCH KLAR AUFGESTELLT, MIT KOMMUNIKATIONSKOMPETENZ UND ZIELFÜHRENDEN INNOVATIONSSTRATEGIEN?

Entsprechend seiner Berufsordnung wirkt der Architekt an der Gestaltung der Umwelt des Menschen. Er muss sich an den Marktbedürfnissen, aber vor allem an den Bedürfnissen der Umwelt orientieren. Zwischen Kreativität, Vision und realistischer Bedarfserfüllung muss er sich seiner gesellschaftlichen Verantwortung bewusst sein. Er braucht mehr als nur Kommunikationskompetenz, um als Impulsgeber aufzutreten und Neuerungen in der Gesellschaft platzieren zu können. Durchdachte Inhalte, interdisziplinäre Verknüpfungen ermöglichen Innovationen. Voraussetzung hierfür ist eine klare Struktur, um zielführende Strategien umsetzen zu können. Sich allein an den Bedürfnissen des Marktes zu orientieren, reicht nicht aus, um neue Entwicklungen herbeizuführen.

D STRATEGISCHE AUSRICHTUNG VON ARCHITEKTEN – GENERALIST ODER SPEZIALIST?

Der Architekt in seinem originären Selbstverständnis ist der universelle, übergreifende Ideengeber. Komplexe Zusammenhänge darzustellen, ist seine Qualität. Seine Arbeit hat ein ungeheures Potenzial zur Identifizierung mit eigenem Tun und Schaffen. Doch nicht jeder bekommt die Chance, selbstständig zu arbeiten von der Idee bis zur Umsetzung – auch hat nicht jeder die Befähigung, diese Komplexität zu beherrschen. Der Spezialisierung wird notgedrungen aus Gründen der Marktentwicklung Rechnung getragen werden müssen. Der Traum ist Generalist, aber immer noch besser ein Spezialist beim Bauen, als ein Beruf ohne Bezug.

E WISSEN ALS WERTSCHÖPFUNGSOPTION – DER MEHRWERT DES ARCHITEKTEN?

Architektur beginnt mit dem Erkennen von Zusammenhängen und dem Wissen um Vorgänge. Der qualifizierte Architekt benötigt ganzheitliches Wissen, um sein „Produkt" optimal umsetzen zu können. Neben den schöpferischen Qualitäten sind naturwissenschaftliches, technisches, ökonomisches, juristisches, geschichtliches, soziologisches, psychologisches, philosophisches… Grundverständnis und nicht zuletzt der gesunde Menschenverstand notwendig. Das ist, soweit vorhanden, an sich schon viel wert, aber möglicherweise doch nicht mehr wert. Franz

Oppenheimer versteht unter „Mehrwert" denjenigen Wert, den ein Kontrahent im Tauschakt aufgrund seiner Machtposition als Aufpreis erzielen kann. Wissen, als dynamischer Prozess, stärkt den Wert des Architekten mehr.

> **F** QUO VADIS MÜNCHEN – WO LIEGT DAS POTENZIAL?

In Substanz und qualitätvoller Beharrlichkeit. Geschlagene Lücken wurden geschlossen – Altstadtring, Flächen sinnvoll konvertiert – Riem, Bereiche qualitätvoll aufgewertet – Fünf Höfe. Bislang hatten Investoren nicht leichtes Spiel. Gründe sind sicher die wirtschaftliche Substanz, das hohe Bildungsniveau und der hohe Qualitätsanspruch der Bevölkerung. Die modernen prägenden Highlights waren nur möglich durch den Mut, das Engagement von Gruppen oder Einzelnen – Olympia, Arena. Doch dieser Mut ist Mangelware – Werkbundsiedlung. Sinnvolles Bewahren macht bei der Moderne halt, wenn der Kommerz das Sagen hat – SZ Redaktiongebäude. Ob München sein Potenzial bewahren kann, ist zweifelhaft. Allein der Schein wird nicht genügen – BMW Welten.

G DER TRAUM VOM RAUM – IHR LIEBLINGSPROJEKT?

00:00 – kein Mensch mehr auf den Rängen, gleißendes Licht. Absolute Einheit von Raum, Struktur und Farbe. Das Oval des Daches gibt den Blick frei in die schwarze Nacht, das Grün des Rasens mit lautlosen Greenkeepern ein grandioser Kontrast. Erhabenheit, Größe, ein Genuss für den Betrachter. Vor kurzem noch rasende Menschenmassen, ekstatisches Anfeuern, dann Niedergeschlagenheit auf der einen und Hochgefühl auf der anderen Seite. Und jetzt allein in totaler Ruhe, ein total neues Bild. Der Weg zurück, ein ungewollter Irrweg in die leeren Hallen, wo vor kurzem noch hunderte Autos stauten. Jetzt aber eine ungewollte Schönheit, Unendlichkeit in Säulenhallen, hell erleuchtet, Erhabenheit, trotz aller Profanität. Raum ist mehr als Geometrie und realer Ort, Raum ist Empfinden.

H LEBENSLAUF

Unser Architekturbüro wurde 1946 von Helmut von Werz (*1912–†1990) gegründet. 1952 trat Johann Christoph Ottow, (*1922) als Partner in das Büro ein. Er war von 1973–1990 ordentlicher Professor am Lehrstuhl für Grundlagen des Entwerfens und Krankenhausbau an der TU München. 1971 kamen Erhard Bachmann (*1939) und Michel

Marx (*1939), 1990 Georg Brechensbauer als Partner dazu. 1999 folgten Claus Weinhart sowie Joachim Werner und Andreas Pietsch.

BÜROADRESSE

BMBW Architekten BDA + Partner
Erhard Bachmann, Michel Marx, Georg Brechensbauer,
Claus Weinhart, Joachim Werner, Architekt, Andreas Pietsch
Gustav-Heinemann-Ring 121
81739 München
T. 089/638251-0
F. 089/638251-34
info@bmbw.de
www.bmbw.de

VORREITER SEIN

// RAINER HOFMANN, RITZ RITZER
   BOGEVISCHS BUERO

A MÜNCHEN, EIN ARCHITEKTURSTANDORT – WAS BEDEUTET PLANEN UND BAUEN IN MÜNCHEN?

Dadurch, dass wir unseren Bürositz in München haben, sind wir naturgemäß erst einmal vor allem in München tätig, haben hier die größten Chancen, an mögliche Projekte heranzukommen. Wir planen und bauen auch anderswo und irgendwie ist das Planen und Bauen dort auch nicht wesentlich anders. Andersherum gesagt und gesehen hat München hier keinen Standortvorteil. Schade eigentlich: bei dem Bau- und Planungsvolumen und der Größe und dem Gewicht der Planungs- und Genehmigungsbehörde, gäbe es doch eine enorme Chance, das Bauen hier zu verändern, das Planen zu vereinfachen, Neues leichter möglich zu machen – die Planungsinstrumente kritisch zu prüfen. Einen ersten entscheidenden Ansatz, Münchens Potenzial zu heben scheint die neue Stadtbaurätin Dr. Elisabeth Merk zu bieten – unlängst, bei einer Grundsteinlegung, hörten wir zum ersten Male seit langer Zeit von entscheidender Stelle klare, unmissverständliche Worte: in München zu planen und zu bauen könnte leichter, einfacher, frischer und frecher werden.

B NEUES SELBSTBILDNIS DES ARCHITEKTEN – ARCHITEKTEN ALS ELITE UND ODER AKTIVE TEILNEHMER IN EINEM KOMPLEXEN MARKT?

Wir fühlen uns natürlich immens elitär. Ich (– Rainer Hofmann, Anm. d. Red. –) gratulierte letzte Woche einer Jugendfreundin zum – sagen wir

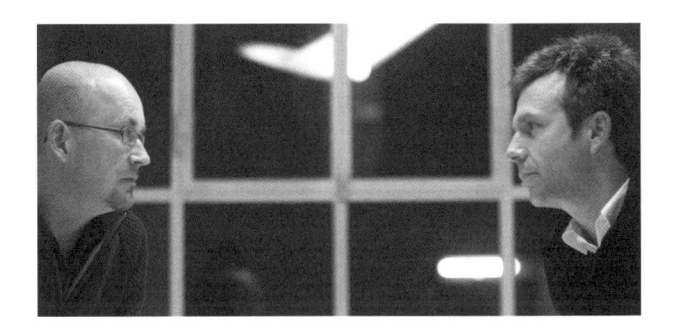

35sten – Geburtstag (sie residiert seit Jahren im für sie gebauten Einfamilienhaus) und berichtete kurz davon, dass ich jetzt für wenig Geld eine Stadthausruine erworben hätte, die wir in den nächsten Jahren in ein bewohnbares Etwas umbauen werden. Sie konnte es nicht glauben, hatte ich sie doch schon vor Jahren davon überzeugt, dass Architekten sich niemals ein eigenes Haus leisten könnten! Hatte Sie mich nicht deshalb verlassen???

Der „Durchschnitts"-Architekt ist sicherlich nicht Teil einer wirtschaftlichen oder konventionellen Elite – dazu sind die Bedingungen, unter welchen wir arbeiten und honoriert werden, häufig nicht gegeben. Allerdings haben wir Chancen, die nur wenige andere Berufsbilder haben: Dass die Resultate unseres Schaffens inmitten von uns allen auftauchen – wir berühren mit unseren Werken die Leben vieler. Und natürlich sind wir Teilnehmer in einem komplexen Markt – da ergeben sich neue Chancen für Menschen mit einer vielseitigen und komplexen Ausbildung.

C ORIENTIERUNG AN MARKTBEDÜRFNISSEN – DER ARCHITEKT ALS IMPULSGEBER, STRATEGISCH UND LOGISTISCH KLAR AUFGESTELLT, MIT KOMMUNIKATIONSKOMPETENZ UND ZIELFÜHRENDEN INNOVATIONSSTRATEGIEN?

Welch eine Frage! Mein Magen rebelliert, chemische Prozesse im Inneren des Architekten, die ich nicht steuern kann – ich kann der Physik nicht entfliehen einerseits – und andererseits – das Unvorhergesehene…

Das ist doch eher was uns auszeichnet – die Fähigkeit aus den vielen Bekannten und Unbekannten ein Etwas zu schaffen – ein Etwas, das im besten Falle das Wasser draußen hält (wenn es kein Schwimmbad wird) und nachhaltig positiv beeindruckt. Dazu braucht es sicher auch „zielführende Innovationsstrategien", aber auch ein gutes Fundament von einem guten überzeugenden Entwurf, der Basis ist, um all die unvorhergesehenen Stürme zu überstehen und sich darin geschickt zu bewegen.

D STRATEGISCHE AUSRICHTUNG VON ARCHITEKTEN – GENERALIST ODER SPEZIALIST?

Architekten sind sicherlich eher selten Spezialisten für zum Beispiel eine Gebäudetypologie, sondern spezialisiert, komplexe Aufgabenstellung zu meistern. Darin liegt die Stärke und das Potenzial, dieses sollte man unbedingt fördern, auch im Sinne einer Berufs- und Honorarordnung.

E WISSEN ALS WERTSCHÖPFUNGSOPTION – DER MEHRWERT DES ARCHITEKTEN?

Betrachtet man die Intentionen der Bundesregierung mit dem vorliegenden Vorschlag zur Novellierung der Honorarordnung der Architekten und Ingenieure, so scheint der Wert unseres Berufsstandes gesellschaftlich am Boden. Es gibt viele von uns in Deutschland und doch scheint der oben titulierte Mehrwert des Bauens mit gut ausgebildeten Architekten gesellschaftlich nicht mehr verankert zu sein. Daran zu arbeiten, müsste für alle Entscheidungsträger oberste Priorität haben – und weniger die Zerstörung der wirtschaftlichen Grundlagen derjenigen, die Kraft Ihrer Ausbildung/Fortbildung und Erfahrung in der Lage sind, eine Baukultur zu fördern und zu schaffen.

F QUO VADIS MÜNCHEN – WO LIEGT DAS POTENZIAL?

München könnte qua seines Bauvolumens und seiner auch kulturellen Ansprüche Vorreiter sein für eine neue Baukultur, vielleicht weniger eine, die auf dem Papier entsteht, als eine, die durch gebaute Realitäten überzeugt. Dazu braucht es visionäre Köpfe, gemeinsames Handeln und eine aktive interessierte Medien- und Presselandschaft, die den Weg mitgeht – dieses Buch ist Teil des Anfangs.

G DER TRAUM VOM RAUM – IHR LIEBLINGSPROJEKT?

Träume sind in Gedanken wirklich gewordene Realität. Traumhafte Räume sind physische Realitäten, die diesen Utopien nahe kommen. Traum wäre es, Räume schaffen zu können, die dieses Label „Traumhafter Raum" verdienen. In München gibt es bis dato weit zu wenige davon – die Allianzarena ist sicherlich ein solcher Ort, drinnen wie draußen. Oft sind es periphere Räume wie die „neue" Allerheiligenhofkirche in der Residenz oder Landschaftsräume, die das Label wirklich verdienen. In unserem Projekt Neuhausen entstehen zwei gigantische Treppenräume, die wir wirklich gerne haben, es wird sich zeigen wie diese wahrgenommen werden – wenn fertiggestellt.

H LEBENSLAUF

RAINER HOFMANN
1996 – bogevischs buero
2000 Mitarbeiter bei Horden Cherry Lee Architects, London
1997 – 1999 Mitarbeiter bei Brookes Stacey Randall, London
1996 Freier Mitarbeiter bei Sauerbruch Hutton, London
1995 – 1996 Mitarbeiter bei Maccormac Jamieson Prichard, London
2000 – 2002 Lehrauftrag Greenwich-School of Architecture, London
1999 – 2000 Lehrauftrag AA-School of Architecture, London
1995 – 1997 Lehrauftrag Bartlett School of Architecture, London
1994 – 1995 Studium zum Master an der Iowa State University,
Forschungsprojekt: Schatzkarten – Wertschaffungsprozesse
1993 Diplom TU München
1986 – 1993 Studium an der TU München und East London University

RITZ RITZER
1996– bogevischs buero
2000–2003 Projektgemeinschaft mit Prof. M. Reichenbach-Klinke
1993–1997 Freier Mitarbeiter Hebensperger-Hüther-Röttig, München
1993 selbstständig mit H. Kube, Sonthofen
1997–2001 Lehrauftrag am LS Planen und Bauen im Ländlichen Raum
TU München, Lehre und Forschung zur anonymen Baukultur, zum
Neuen Bauen in den Alpen, zu neuen Wohn- und Siedlungsmodellen
1993 Diplom TU München
1986–1993 Studium an der TU München und ETSAB Barcelona

BÜROADRESSE

bogevischs buero
Rainer Hofmann, Ritz Ritzer
Architekten & Stadtplaner BDA
Dreimühlenstraße 19
80469 München
T. 089/4523547-0
F. 089/4523547-10
buero@bogevisch.de
www.bogevisch.de

QUALITÄT SICHERN

// LAURENT BRÜCKNER
   BRÜCKNER ARCHITEKTEN

A MÜNCHEN, EIN ARCHITEKTURSTANDORT – WAS BEDEUTET PLANEN UND BAUEN IN MÜNCHEN?

Gegenfrage: Welcher Standort genau ist denn gemeint? Marienhof oder Gewerbegebiet Freiham? Generell: Die Szene in München ist offener geworden, Architektur wird als Marketingfaktor wahrgenommen und eingesetzt. Die Ära des gediegenen Mittelmaßes scheint vorüber – gestalterische Qualität und Einzigartigkeit sind wieder gefragt.

B NEUES SELBSTBILDNIS DES ARCHITEKTEN – ARCHITEKTEN ALS ELITE UND ODER AKTIVE TEILNEHMER IN EINEM KOMPLEXEN MARKT?

Elite gleich elitär? Das sicher nicht. Elfenbeintürme sind einsame Orte. Aber Architekten als Vorreiter, Anreger und Ideengeber? Das schon. Den Markt dabei aus den Augen zu verlieren, werden sich nur die wenigsten leisten können. Und was dessen Komplexität angeht: Welcher Markt ist denn nicht komplex, fragen Sie mal Ihren Tankwart.

C ORIENTIERUNG AN MARKTBEDÜRFNISSEN – DER ARCHITEKT ALS IMPULSGEBER, STRATEGISCH UND LOGISTISCH KLAR AUFGESTELLT, MIT KOMMUNIKATIONSKOMPETENZ UND ZIELFÜHRENDEN INNOVATIONSSTRATEGIEN?

Sie meinen: Der Architekt als kreativer Kopf mit großem technischen Fachwissen, der die emotionalen, funktionalen und wirtschaftlichen Bedürfnisse seines Kunden und dessen Kunden kennt und entsprechend maßgeschneiderte Konzepte findet, dabei aber seine Gesamtverantwortung nicht außer Acht lässt und energetisch optimierte, nachhaltige Gebäude plant und darüberhinaus seinen Auftraggeber und die Öffentlichkeit von der Richtigkeit dieses Vorgehens zu überzeugen und zu begeistern in der Lage ist? Dann: Ja.

D STRATEGISCHE AUSRICHTUNG VON ARCHITEKTEN – GENERALIST ODER SPEZIALIST?

Generalist. Unsere Bauherren suchen heute nicht mehr den Entwurfsarchitekten oder den Werkplaner, dessen Produkt von einem Unternehmer umgesetzt wird. Die vergangenen zwei Jahrzehnte haben gezeigt, dass man auf diesem Weg ein Ergebnis minderer Qualität zu einem hohen Preis erhält. Baumeister sind gefragt, die das Werk von Beginn bis Fertigstellung führen. Eine Spezialisierung auf bestimmte Aufgaben.

E WISSEN ALS WERTSCHÖPFUNGSOPTION – DER MEHRWERT DES ARCHITEKTEN?

Die Kernkompetenz liegt doch darin, aus den Wünschen des Bauherren dessen tatsächliche Bedürfnisse zu destillieren. Das setzt voraus: Ein hohes Maß an Wissen, Neugierde, Offenheit, Erfahrung, Sensibilität und Sachverstand seitens des Architekten und einen entsprechenden Anspruch seitens des Auftraggebers. Trifft beides zu, erläutert sich der Mehrwert von selbst.

F QUO VADIS MÜNCHEN – WO LIEGT DAS POTENZIAL?

In der kulturellen und wirtschaftlichen Virilität der Stadt. Es gibt Chemie und Jazz, Halbleiter und Impressionisten, Symphoniker und Zugmaschinenbau, Sterneköche und Satellitennavigation, Bühnenkunst und Genlabors, Literatur, Medizin, Photovoltaik und Brennstoffzellen (wir planen gerade eine Fabrik). Das alles bildet ein Geflecht von sich überlagernden Schwingungen, in dem Innovation unausweichlich wird.

G DER TRAUM VOM RAUM – IHR LIEBLINGSPROJEKT?

Eine Chillout-Lounge für die ISS-Astronauten mit vor-Ort-Überwachung des Probebetriebs.

H LEBENSLAUF

LAURENT BRÜCKNER / DIPL.-ING. ARCHITEKT BDA
*1970 in München
1990 Abitur Finsterwalder Gymnasium Rosenheim
1991–1992 Wehrdienst
1992–1996 Studium Architektur Fachhochschule München
1992–1996 Studienbegleitende freie Mitarbeit im Architekturbüro Brückner & Gussmann: Projektleitung Hypo-Bank Servicezentrum Richard-Strauß-Straße, Hypo-Bank Filialen Unterhaching, Bogenhausen, Provisorium für die Münchner Kammerspiele
1996 Mehrfamilienhaus, Hochplattenstraße 10, Rosenheim, in Partnerschaft mit Petra Bertold
1996 Diplom FH München
1996–1997 Freie Mitarbeit im Büro Weißenfeldt, München: Projektleitung Verwaltungsgebäude Bilfinger+Berger in Kirchheim-Heimstetten

seit 1997 Partnerschaft mit Wolfgang Brückner im Büro Brückner Architekten: ICE-Triebzuganlage und Betriebsgebäude, Berlin, zusammen mit Architekt Weißenfeldt, Gaststätten (Sushi Duke Bar, Egger im Hufnagel, Umbau P1), Theaterbauten (Provisorium für Kammerspiele München, Jutierhalle für Kammerspiele München, Theater im Haus der Kunst, Volkstheater in der Brienner Straße), Vorstudie (Flughafen Berlin-Schönefeld, für TERCON-Projektentwicklung), Mietbüros Nordostpark Nürnberg für IVG Immobilien GmbH
seit 2004 Übernahme des Büros Brückner Architekten

BÜROADRESSE

Brückner Architekten
Gabriel-Max-Straße 4
81545 München
T. 089/126640-0
F. 089/126640-99
info@bruecknerarchitekten.de
www.bruecknerarchitekten.de

WEITERBAUEN

// VERONIKA DANNHEIMER, TILMAN JOOS
DANNHEIMER & JOOS ARCHITEKTEN BDA

> **A** MÜNCHEN, EIN ARCHITEKTURSTANDORT – WAS BEDEUTET PLANEN UND BAUEN IN MÜNCHEN?

Als Architekt findet man in München heute Stadtstrukturen vor, die – ausgelöst durch die Olympischen Spiele 1972 – zurückgehen auf die Modernisierung der Stadt Ende der 1960er Jahre. Innerhalb kürzester Zeit wurden die Grundzüge der heutigen Infrastruktur (U- und S-Bahnen, Altstadt- und Mittlerer Ring, Fußgängerzone) angelegt. Symbol dieser Zeit, die Aufbruchstimmung und internationales Flair durch die Spiele nach München brachte, ist das Olympiagelände mit der außergewöhnlichen, die nördliche Stadtsilhouette dominierenden Dachlandschaft. Zuvor war der Wiederaufbau des Stadtkerns geprägt von dem Wunsch nach einer sich alt gebenden Stadt, um „möglichst viel des Geistes und Gefüges der alten Stadt in die neue Zeit hinüberzuretten" (Karl Meitinger 1946).

Im Sinne dieses rekonstruktiven Aufbaus hatte es moderne Architektur bereits damals schwer. Nur wenige Gebäude mit überregionaler Bedeutung konnten realisiert werden, deren architektonischer Ausdruck der beginnenden demokratischen Gesellschaft entsprachen bzw. diese vorwegnahmen oder im Umgang mit der bestehenden Bausubstanz eine Reparatur mit sichtbaren Spuren, eine Akzeptanz der Geschichte, verfolgten. Gelang Sep Ruf (mit Theo Pabst) mit der Maxburg das selbstverständliche Einfügen eines modernen Verwaltungsbaus in den historische Stadtgrundriss und mit dem Wohnhaus an der Theresienstraße der Aufbruch der Blockrandbebauung, schuf Hans Döllgast mit dem Wiederaufbau der alten Pinakothek ein beispielhaftes Bauwerk für den Umgang mit historischer Bausubstanz.

Auch heute, 35 Jahre nach den olympischen Spielen, ist die Wertschätzung für moderne Architektur gering, die wenigen herausragenden Gebäude der Nachkriegsarchitektur, beispielsweise das Schwarze Haus (1970), werden dem Abriss überlassen. Die in den Nachkriegsjahren entwickelte Münchner Haltung der Stadtrekonstruktion hat sich bis heute – Jahrzehnte nach Abschluss des Wiederaufbaus – dogmatisch als Tradition bewahrt, die nicht in Frage gestellt wird. Dieser retrospektive Traditionalismus, fest verankert in Politik, Stadtverwaltung und Bevölkerung, bejaht ungeachtet architektonischer Reflektion alles, was alt ist oder zu sein vorgibt. Er ist das Ergebnis weitgehend fehlender zeitgenössischer Vorbilder einer sich in das Stadtbild einfügenden modernen Architektur.

Zwar findet man neue Architektur in den Stadtentwicklungsprojekten wie den Quartieren Messestadt Riem oder Theresienhöhe, sie werden jedoch dominiert von der Beliebigkeit der Bauträgerplanungen, der öffentliche Stadtraum als qualitätsvolles Element existiert faktisch nicht. Außerhalb des Mittleren Rings sind vermehrt solitäre und zeichenhafte Gebäudestrukturen anzutreffen, doch haben diese Bauten weder die städtebaulich raumbildende Wirkung noch die skulpturalen Qualitäten, wie sie die Hochhäuser von BMW oder der Hypo-Bank erreichten. Die heutige Schönheit Münchens beruht zu großen Teilen auf städtebaulichen Großprojekten wie dem Königsplatz, der Anlage von Ludwig- und Maximilianstraße, d. h. den Stadterweiterungsprojekten König Ludwig I. Seit dieser Zeit wurde – mit Ausnahme des Olympiageländes – kein vergleichbarer öffentlicher Raum geschaffen. „Nutzlose" Bauten wie die Feldherrnhalle, zu Propagandazwecken im dritten Reich missbraucht und nach heutigen Gesichtspunkten wegen ihrer mangelnden wirtschaftlichen Verwertbarkeit undenkbar, geben der Stadt ihren Charakter und sind mit ausschlaggebend für die Anziehungskraft und heutige wirtschaftliche Stärke Münchens.

Fokussiert sich die öffentliche Auseinandersetzung über zeitgenössische Architektur auf die Höhe und den Standort von Hochhäusern und in geringerem Maß auf die als Leitprojekte definierten Neubauquartiere, findet eine Diskussion über die Qualität von Alltagsarchitektur, d. h. den Um- und Weiterbau der gewachsenen Viertel und ihren wesentlichen Einfluss auf die Fortschreibung des Stadtbilds, nicht statt. In der Stadtentwicklungskonzeption wird unter der 1998 beschlossenen Leitlinie „Münchner Stadtgestalt bewahren – Neue Architektur fördern" als Prämisse „die Erhaltung und Verbesserung der Stadtgestalt durch die Weiterentwicklung des Stadtbildes in seiner historischen überkommenen

Form und Maßstäblichkeit" genannt, wobei „innerhalb dieser primären stadträumlichen Strukturen aber neue Architektur und beispielhafte städtebauliche Projekte gefördert werden sollen" (Perspektive München 1998–2005). Im Planungsalltag tritt die Umsetzung dieser Leitlinie, die der neuen Architektur von vornherein eine untergeordnete Rolle zuweist, in den Hintergrund. Seit Beschluss dieser Leitlinie wurden wenige Bauwerke realisiert, die sich vom Mittelmaß abheben. In Städten wie Wien oder Berlin, die eine parallele städtebauliche Entwicklung in der zweiten Hälfte des 19. Jahrhunderts aufweisen, wird gestalterisch weltoffene zeitgenössische Architektur als Ergebnis eines offenen Diskurs zwischen Planern, Genehmigungsbehörden und Politik realisiert. Dieser Diskurs fehlt in München. Hier entscheidet die Baugenehmigungsbehörde aus Sorge vor baulicher Vielfalt lediglich anhand abstrakter Baugesetze mit großem Ermessensspielraum nur über die Genehmigungsfähigkeit und somit letztlich über die gestalterische Qualität.
München muss sich einer innerstädtischen Verdichtung öffnen, einer Verdichtung, die architektonisch mehr darstellt als ein oder zwei übereinander liegende Gaubenreihen mit versteckten Dachterrassen auf Satteldächern. Die wohlhabende Stadt muss für alle Bevölkerungsgruppen und Lebensformen städtische Alternativen aufzeigen und zulassen, um diese und deren Vielfalt nicht zu verlieren. Es gilt ein Zukunftsbild zu formulieren, wie sich zeitgenössische Architektur in dem bestehen-

den Stadtgefüge als Bereicherung des Stadtbildes, als Durchmischung mit modernen Stadtpartikeln, entwickeln kann. Nur die Verbindung großmaßstäblicher Leitprojekte mit kleinteiligen Ergänzungen der bestehenden Siedlungsstrukturen, die Bereitschaft, Neues in gewachsenen Vierteln mitwachsen zu lassen, kann für ein modernes München stehen. Es bedarf eines neuen Verständnisses für eine in die Zukunft blickende, aus der Modernisierung der 1970er Jahre sich weiter entwickelnde Stadtgestaltung, nicht rückblickend bewahrend, sondern mit Achtung gegenüber den historischen Zeitschichten die Stadt modern weiterbauend.

H LEBENSLAUF

Veronika Dannheimer, Dipl. Ing. Architektin BDA, Energieberaterin BAFA, und Tilman Joos, Dipl. Ing. Architekt BDA, gründeten nach ihrem Studium an der TU München und ersten Berufserfahrungen 1997 das Büro Dannheimer & Joos in München. Ein Schwerpunkt der Tätigkeit des Büros liegt in der Auseinandersetzung mit bestehender Bausubstanz in Form von Erweiterungen, Umnutzungen und Umbauten.

I BÜROADRESSE

Dannheimer & Joos
Architekten BDA
Tumblingerstraße 13
80337 München
T. 089/18 99 95 10
F. 089/18 99 95 14
mail@dannheimerjoos.de
www.dannheimerjoos.de

HERAUSFORDERUNGEN ANNEHMEN

// HENDRIK MÜLLER
EINS:33

A MÜNCHEN, EIN ARCHITEKTURSTANDORT – WAS BEDEUTET PLANEN UND BAUEN IN MÜNCHEN?

Da die Ausrichtung unseres Büros sehr international ist und die meisten unserer Projekte momentan im Ausland stattfinden, hat das Planen und besonders das Bauen in München zunächst immer den Charakter eines Heimspiels. Deutsch (oder manchmal auch Bayerisch) als Projektsprache spart einige Mühen und der Umgang mit den relativ berechenbaren heimischen Behörden, wie z. B. dem Münchner Planungsreferat ist um einiges einfacher als das Verhandeln mit einer Zollbehörde in China. Die Erfahrungen unseres Büros beschränken sich nur auf einen kleinen und wenig repräsentativen Ausschnitt dessen, was Planen und Bauen in München bedeuten kann, dennoch liegt die Vermutung nahe, dass gewissen Ereignissen eine Systematik zu Grunde liegt, die darauf schließen lässt, dass einige unserer Kollegen ähnliches erlebt haben dürften. Was für uns jedoch die entscheidende Rolle beim Bewerten von Erfahrungen spielt, ist die Maßstäblichkeit von Ereignissen in Zusammenhang mit dem individuellen Erlebnishorizont, das Reflektieren auf globaler und auf regionaler Ebene. Was in Schwabing exotisch anmuten mag, wirkt in Shanghai mitunter gewöhnlich – dagegen sind die Menschen in Dubai überrascht über Dinge, die bei uns zum Alltag gehören.

B NEUES SELBSTBILDNIS DES ARCHITEKTEN – ARCHITEKTEN ALS ELITE UND ODER AKTIVE TEILNEHMER IN EINEM KOMPLEXEN MARKT?

Es ist heute sicherlich nur noch den wenigsten Architekten vorbehalten, sich als Teil einer gesellschaftlichen Elite mit allen oder einigen der dazugehörigen Privilegien fühlen zu dürfen. Der Architekt definiert sich zusehends weniger über seinen Status als durch sein Werk. Das Nachdenken über das eigene Portfolio an Projekten und Kompetenzfeldern dagegen löst unweigerlich einen Prozess des Vergleichens aus, der die Beschäftigung mit unterschiedlichen Märkten und Geschäftsbereichen beinhaltet, die charakteristische Regeln und Anforderungen mit sich bringen. Sich in dieses Geflecht einzubringen und seinen Platz als Architekt oder Planer in der jeweiligen Wertschöpfungskette einzunehmen, ist sicherlich eine der großen Herausforderungen unserer Generation.

C ORIENTIERUNG AN MARKTBEDÜRFNISSEN – DER ARCHITEKT ALS IMPULSGEBER, STRATEGISCH UND LOGISTISCH KLAR AUFGESTELLT, MIT KOMMUNIKATIONSKOMPETENZ UND ZIELFÜHRENDEN INNOVATIONSSTRATEGIEN?

Dem Vernehmen nach gehören Architekten leider noch immer zu den Berufsgruppen, die Schwierigkeiten damit haben, die vorgenannten Attribute glaubhaft zu verkörpern. Sich als Büro solide aufzustellen, ein klares Konzept zu verfolgen und die eigenen Neigungen und Talente in Einklang mit den Marktbedürfnissen zu bringen, ist alles andere als leicht, insbesondere in jungen Jahren. Die Altersspanne zwischen 30 und 40 Jahren ist hier entscheidend, hier werden die Weichen für alle weiteren Schritte gestellt. Wer also eine Orientierung am Markt anstrebt, sollte am besten schon im Studium damit beginnen. Unser heutiges Büro hat sich aus ersten Projekten, die schon während des Studiums realisiert wurden, entwickelt und basiert im Prinzip heute noch auf den selben Grundsätzen.

D STRATEGISCHE AUSRICHTUNG VON ARCHITEKTEN – GENERALIST ODER SPEZIALIST?

Die Wahlfreiheit zwischen den beiden genannten Modellen besteht aus meiner Sicht nur in der Theorie. Das Generalistentum eignet sich sicherlich eher für große Büros, die sich für den Ausbau von mehreren/vielen Kompetenzfeldern bewusst entschieden haben und diese auch mit entsprechend qualifiziertem Personal besetzen können. Bei kleineren Büros (< 10 Mitarbeiter), die inzwischen den größten Teil der Architektenlandschaft ausmachen, geht die Tendenz sicherlich eher zum Spezialistentum und zur klaren Positionierung im Markt. Auch unser Büro hat ein klar umrissenes Leistungsprofil, das hat mit einem selbst auferlegten Qualitätsanspruch und mit Eindeutigkeit zu tun, unsere Kunden sollen schon vorher wissen, warum sie mit uns zusammenarbeiten wollen.

E WISSEN ALS WERTSCHÖPFUNGSOPTION – DER MEHRWERT DES ARCHITEKTEN?

Wenn man 20 Jahre zurückblickt, hat Wissen als Ressource für die Architektur bis heute enorm an Stellenwert gewonnen. Wissensbasierte Kreativität ist für unsere Arbeit enorm wichtig, da sie uns einerseits ermöglicht, Dingen einen sehr spezifischen Charakter zu geben, andererseits ermöglicht sie auf der kommunikativen Ebene die Nachvollziehbarkeit von komplexen entwurflichen Überlegungen für Dritte. Jedes Projekt generiert Unmengen an spezifischem Wissen zu kulturellen, geschichtlichen oder technischen Begebenheiten in Zusammenhang mit der Lösung einer bestimmten Aufgabe. Dieses Wissen fußt auf dem ohnehin im Büro kollektiv gespeicherten und dem Wissen aus vergangenen Projekten (Erfahrung) und ergibt im Zusammenspiel die richtungsweisende Grundlage für den gesamten Projektverlauf.

F QUO VADIS MÜNCHEN – WO LIEGT DAS POTENZIAL?

München hat mit Sicherheit noch ein enormes Entfaltungspotenzial auf der Ebene Nachverdichtung im Sinne der qualitativen Dichte. Bekanntermaßen wurde in Bayern mit Superlativen nie sparsam umgegangen, von der BMW Welt über die Allianz Arena bis hin zum Flughafen kann München sich auf der Weltbühne sehen lassen und darf sich mit großen

Metropolen vergleichen. Wirtschaftsraum, Lebensqualität und Kaufkraft bewegen sich konstant auf hohem Niveau, trotzdem würde man der Stadt oft etwas mehr Urbanität und Dichte an qualitativ hochwertiger Nutzung des verfügbaren gebauten Raums wünschen. [...]

> **G** DER TRAUM VOM RAUM – IHR LIEBLINGSPROJEKT?

Das „erste Mal" ist in vielerlei Hinsicht prägend für die gesamte weitere Laufbahn des Architekten. Man wird sich selbst nur dieses einziges Mal in völliger Unbefangenheit erleben, frei von der mahnenden Bürde der Erfahrung. Der unschuldige Zustand von naiver Unbefangenheit gepaart mit grenzenlosem Enthusiasmus besitzt eine einmalige magische Intensität. In meinem Fall handelte es sich beim ersten Mal um den Umbau eines Friseurgeschäfts im Stuttgarter Westen, der auch nicht zuletzt aufgrund von beschränktem Budget eine gewisse Simplicity aufweist, die jedoch maßgeblich zum bis heute anhaltenden Erfolg beigetragen hat.

H LEBENSLAUF

HENDRIK MÜLLER
*1973 in Böblingen
1994–2001 Studium Architektur + Design, Staatliche Akademie der bildenden Künste, Stuttgart
1998 Auslandsaufenthalt in Turin, Italien
1999 Gründung Büro eins:33 in Stuttgart
2001 Wissenschaftlicher Assistent TU München, Lehrstuhl für Gebäudelehre und Produktentwicklung, Prof. Richard Horden
2005 Umzug des Büros nach München
Mitglied im wissenschaftlichen Komitee der ital. Architekturzeitschrift EdA Esempi di Architettura, diverse Veröffentlichungen

I BÜROADRESSE

eins:33 Architektur I Interior Design
Dipl.-Ing. Hendrik Müller, Dipl.-Ing. Georg Thiersch
Holzstraße 28, 80469 München
T. 089/23 70 28 35, F. 089/23 03 29 39
info@einszu33.de, www.einszu33.de

GESTALTEN

// PETER EISENLAUER
EISENLAUER VOITH

A MÜNCHEN, EIN ARCHITEKTURSTANDORT – WAS BEDEUTET PLANEN UND BAUEN IN MÜNCHEN?

Gegenwärtig stehen Planungs- und Bautätigkeiten in München im Fokus einer enormen Nachfrage des Immobilienmarktes nach Verwertungsflächen, vorrangig für Wohnnutzungen. Die begrenzten Flächenvorräte des relativ kleinen Münchner Stadtgebiets, die sehr hohe lokale Kaufkraft und die spezifischen Interessenslagen der Immobilienwirtschaft bedingen ein hohes Preisniveau für Entwicklungsflächen. Neben dem Spektrum für ein neues Immobiliensortiment werden dadurch vor allem Spielräume zur Errichtung günstigen Wohnraums eingeschränkt und die Zuschnitte neuer Wohneinheiten minimiert. Architektonische Erzeugnisse aller Art und Qualität haben sich dieser Vorgabe zu stellen. Neben neuen Glanzlichtern lässt die gebaute Masse eine deutliche Hinwendung zur Standardisierung erkennen. Innovative und qualitative Ausreißer sind nach wie vor Raritäten und lassen darauf schließen, dass die Entstehung von architektonischer Qualität in keinem direkten Abhängigkeitsverhältnis zu ökonomischen und konjunkturellen Verhältnissen steht, und dass der Immobilienmarkt, gestützt auf die Nachfragesituation, für Neubauten keine qualitativen Selektionsphänomene herausbildet.

B NEUES SELBSTBILDNIS DES ARCHITEKTEN – ARCHITEKTEN ALS ELITE UND ODER AKTIVE TEILNEHMER IN EINEM KOMPLEXEN MARKT?

Berufsbild und Tätigkeitsspektrum des Architekten haben sich in den letzten Jahrzehnten deutlich ausdifferenziert. Die Schöpferrolle für den gesamten Realisierungsprozess eines Projekts ist nicht mehr die Regelleistung des Architekten. Ein gängiges Engagement ist seine Beauftragung mit Teilleistungen (Entwurfs-, Genehmigungs-, Ausführungsplanung, Fassadengestaltung etc.). Als Bestandteil eines Produktionsteams ist er Dienstleister und gegenüber der Generalplanung oder Projektsteuerung nur teilverantwortlich. Jenseits eines elitären Selbstverständnisses liegt die spezifische Qualifizierung unseres Berufsstandes nach wie vor in der Fähigkeit zum übergreifenden konzeptionellen Denken und Handeln, das räumliche Dimensionen und Dispositionen umfasst und die Anforderungen funktionaler Belange mit grundlegenden Ideen und gestalterischen Ansprüchen eines Projekts in Einklang bringt. Eine aktive und selbstbewusste Interpretation dieser Befähigung ist maßgeblich, um für integrative Positionen eine Schlüsselrolle zu gewinnen und gestalterische Ideen und Projekte in Gebautes mit architektonischem Ausdruck umzusetzen.

> **C** ORIENTIERUNG AN MARKTBEDÜRFNISSEN – DER ARCHITEKT ALS IMPULSGEBER, STRATEGISCH UND LOGISTISCH KLAR AUFGESTELLT, MIT KOMMUNIKATIONSKOMPETENZ UND ZIELFÜHRENDEN INNOVATIONSSTRATEGIEN?

Der Entwicklungsprozess architektonischer Objekte ist heute ein komplexer Vorgang, an dem diverse Akteure mit unterschiedlichsten Kompetenzen und Einzelinteressen beteiligt sind. Die Bedürfnisse des Marktes folgen vermehrt dem ökonomischen Diktat abstrakter Verwertungskriterien, die zunehmend die strukturellen Ausgangsbedingungen baulicher Umsetzungen dominieren. Architektonische Inhalte erfahren dabei polare Wertschätzungen: Sie werden entweder nachrangig gewichtet oder finden in expressiv überhöhter Form, in Gestalt spektakulärer Objekte, Eingang in Marketing- und Vermarktungsstrategien. Das Engagement des Architekten für sinnvolle projektspezifische Innovationen und konzeptionelle Zusammenhänge bleibt, wenn es nicht gezielt eingefordert wird, sein solitäres Interesse und ist dennoch nur als kollektive Willensleistung realisierbar. Es setzt eine intensive Aufklärungsarbeit durch den Architekten voraus, weshalb der konstruktive Diskurs die maßgebliche Einflussebene zur Vermittlung seiner Ideen und Innovationen darstellt.

D STRATEGISCHE AUSRICHTUNG VON ARCHITEKTEN – GENERALIST ODER SPEZIALIST?

Bauherren mit einer klar identifizierbaren Identität sind als Projektpartner des Architekten eine Seltenheit. Seine Auftraggeber sind heute vorwiegend juristische Personen, seine Kommunikationspartner sind deren entscheidungsbefugte Vertreter. Das hat die Position des Architekten verändert, der sich häufig als Bindeglied mit beschränkter Entscheidungsbefugnis in der Steuerungskette von Zweckbündnissen wiederfindet. Die uneingeschränkte Entwicklungshoheit über das Gesamtwerk ist nicht mehr seine Arbeitsgrundlage, wodurch die Frage „Spezialist oder Generalist" hinfällig wird. Dennoch erfordert eine erfolgreiche Spezialisierung auf Teilleistungen des Planungs- und Realisierungsumfangs übergeordnete Fähigkeiten zu konzeptionellem Denken und Handeln, wie eine generalistische Haltung gegenüber der Planung Kenntnisse in Spezialgebieten voraussetzt. Die strategische Ausrichtung des Architekten, ob er sich als Spezialist oder Generalist definiert, ist daher weniger eine Frage nach seinem Tätigkeitsspektrum, als eine Frage nach seiner Außendarstellung und der Perspektive, mit der er sich am Markt positionieren will.

E   WISSEN ALS WERTSCHÖPFUNGSOPTION – DER MEHRWERT DES ARCHITEKTEN?

Da innovative Architektur nicht als autonomes Produkt auf dem Markt erscheint, sondern immer als Sonderobjekt, spiegeln Referenzprojekte das Wissen des Architekten, das in der pragmatischen Form des „Know-how" eine besondere Wertschätzung erfährt. Die Kompetenz, tragfähige Ideen zu entwickeln, diese überzeugend zu vermitteln, Innovationen und Beteiligte in einen planerischen Prozess einzubinden und Entwickeltes entsprechend umzusetzen, findet letztlich in gebauter Form einen komprimierten Ausdruck. Die Kombination von Detailkenntnissen und Erfahrungen aus Entwicklungs- und Realisierungsprozessen im Rahmen konzeptionellen Handelns ist das fachspezifische Wissen des Architekten und eine unabdingbare Voraussetzung für das Gelingen jedes architektonischen Werks.

F   QUO VADIS MÜNCHEN – WO LIEGT DAS POTENZIAL?

München befindet sich seit Jahren in einem anhaltenden Umwandlungsprozess, der seine Spuren im Stadtbild hinterlässt und in der gegebenen Dimension nur in einem ökonomisch prosperierenden Umfeld denkbar ist. Die großflächigen Maßnahmen gehen einher mit der Tendenz zur Privatisierung der Stadtentwicklung. Es wird eine vorrangige

Aufgabe bleiben, in der Kooperation mit privaten Partnern qualitative Aspekte für die weitere Stadtentwicklung zu sichern, um die Chance zur nachhaltigen, gestalterischen und räumlichen Aufwertung innerstädtischer Bestände zu wahren. Im Sinne der qualitativen Innenentwicklung sind daher verstärkt alle Gelegenheiten der anstehenden Transformationen des Stadtraums zu nutzen, um München mit neuen, differenzierten und engagierten baulichen wie freiräumlichen Beiträgen zu ergänzen und als spezifischen Lebensraum mit einem vielschichtigen Erscheinungsbild weiterzuentwickeln. Die Bewerbung für die olympischen Winterspiele 2018 bietet der Stadt zudem erfreuliche Perspektiven, sich im internationalen Standortwettbewerb nachhaltig zu positionieren und weitere Potenziale des Stadtraums zu erschließen.

G DER TRAUM VOM RAUM – IHR LIEBLINGSPROJEKT?

Eine Utopie – der Raum ohne Eigenschaften – ein Projektionsraum für jedes Individuum, das ihn mit seinen Sehnsüchten, Bildern und Bedürfnissen ausfüllen und damit realisieren kann.

H LEBENSLAUF

PETER EISENLAUER
*1959 in Ulm/Donau
1982–1989 Architekturstudium TU Braunschweig und ETH Zürich/ Diplom TUB
1989–1994 freie Mitarbeit u. a. bei Dipl. Arch. M. Arnaboldi und R. Cavadini, Locarno, Dipl. Arch. R. Dolezal, Zürich
1995–2001 wiss. Assistent, TU München, Lehrstuhl für Städtebau und Regionalplanung, Prof. F. Stracke
seit 1995 freier Architekt und Stadtplaner, München
1997 Gründung „studio-nonstop d.o.o. / sarajevo-munich" mit Dipl. Arch. S. Galić- Grozdanić und I. Grozdanić, Sarajevo
2001–2006 Partner von eevas Eisenlauer Emmermann Voith Architekten und Stadtplaner, München
2004 Aufnahme in die „Deutsche Akademie für Städtebau und Landesplanung DASL"
seit 2006 Partner von Eisenlauer Voith, Architekten und Stadtplaner, München

BÜROADRESSE

Eisenlauer Voith
Architekten und Stadtplaner
Zeppelinstraße 59
81669 München
T. 089/4 89 56 8 - 75
F. 089/4 89 56 8 - 79
mail@eisenlauervoith.de
www.eisenlauervoith.de

SCHAFFEN

// PETER FÄRBINGER, PETER ROSSMY
   FÄRBINGER ROSSMY ARCHITEKTEN

A MÜNCHEN, EIN ARCHITEKTURSTANDORT – WAS BEDEUTET PLANEN UND BAUEN IN MÜNCHEN?

In einer Stadt wie München zu bauen ist für uns immer noch ein Privileg. München hat zwar durch diverse Großbauten, angefangen vom Olympiapark bis zur BMW-Welt, renommierte Architektur vorzuweisen, hat aber noch immer großen Nachholbedarf an guten modernen Architekturkonzepten wie beim Wohnungsbau und im Altstadtbereich. Eine offenere Einstellung der Entscheidungsträger sowie eine Akzeptanz gegenüber guten modernen Konzepten ist notwendig, um die Chancen, die zukunftsweisende Architekturen im innerstädtischen Bereich bieten können, nicht zu verpassen.

B NEUES SELBSTBILDNIS DES ARCHITEKTEN – ARCHITEKTEN ALS ELITE UND ODER AKTIVE TEILNEHMER IN EINEM KOMPLEXEN MARKT?

Wir können uns dem Markt und seinen Bedürfnissen nicht verschließen, dürfen dabei unsere Rolle und Kompetenz als Wegbereiter neuer sozialer oder künstlerischer Modelle nicht aufgeben, bzw. aus dem Auge verlieren. Insofern sollte es eine Mischung sein, ein selbstbewusster künstlerisch orientierter Bauschaffender, der frei in seiner Haltung und seinem Denken, analytisch dem Bauherrn und der Gesellschaft gegenübertritt.

C ORIENTIERUNG AN MARKTBEDÜRFNISSEN – DER ARCHITEKT ALS IMPULSGEBER, STRATEGISCH UND LOGISTISCH KLAR AUFGESTELLT, MIT KOMMUNIKATIONSKOMPETENZ UND ZIELFÜHRENDEN INNOVATIONSSTRATEGIEN?

Natürlich ist eine Orientierung an die gängigen Marktbedürfnisse die Voraussetzung für das weitere Bestehen des Architektenberufes. Impulse und Innovationen können aber nur aus dem Beruf des Architekten mit seiner über das Blickfeld des Markts hinausgehenden Kompetenz und Verantwortung kommen. Eine Aufsplittung in einzelne Teilbereiche hin zur Bauwirtschaft ist der erste Schritt zur Auflösung unseres Berufsbildes.

D STRATEGISCHE AUSRICHTUNG VON ARCHITEKTEN – GENERALIST ODER SPEZIALIST?

Im Grunde muss der Architekt ein Generalist sein und bleiben, schon allein um den Überblick über aktuelle Probleme nicht zu verlieren und darauf Einfluss nehmen zu können. Eine vereinzelte Spezialisierung ist aber nicht auszuschließen und schadet dem Berufsbild nicht.

E WISSEN ALS WERTSCHÖPFUNGSOPTION – DER MEHRWERT DES ARCHITEKTEN?

Gerade durch ein weit gefächertes Berufsbild hat der Architektenberuf das Potenzial zum Mehrwert. Durch die schleichende Aufweichung des Berufsbildes, wie gerade z. B. die anstehende Novellierung der HOAI, drohen wir immer mehr von unserem Potenzial auf- und unser Wissen und unsere Verantwortung an den Markt abzugeben. Dieser sogenannte Mehrwert der Architekten muss aber erst in der Gesellschaft wieder verankert werden; hierfür sind nicht nur die Berufsvertretungen verantwortlich, sondern hier ist jeder einzelne Architekt verantwortlich bzw. aufgefordert, sein Bestes zu geben.

F QUO VADIS MÜNCHEN – WO LIEGT DAS POTENZIAL?

Das Potenzial Münchens liegt im Bestand. Gerade in den bestehenden arrivierten Stadtteilen verträgt der Gebäudebestand noch eine Vielzahl von modernen, funktional- und energieoptimierten Um- und Neubauten, in den neueren Stadtvierteln bietet er aber auch die Möglichkeit zur Umsetzung komplett neuer Wohnformen.

Des weiteren liegt auch ein enormes Potenzial in den vielen kleinen und jungen Architektenbüros, die in den letzten Jahren in München mit guten Bauten auf sich aufmerksam gemacht haben. Um deren Potenziale zu nutzen, braucht es aber auch einen überzeugten Bauherrn, der dies fördert.

> **G** DER TRAUM VOM RAUM – IHR LIEBLINGSPROJEKT?

Städtebau: Wohnbebauung am Ackermannbogen
Innerstädtische Umnutzung: Fünf Höfe
Sakralbau: Buttermelcherkirche, Herz-Jesu-Kirche
Landschaftsplanerische Raumkonzepte: Olympiapark

LEBENSLAUF

PETER FÄRBINGER / DIPL.-ING. ARCHITEKT
*1954, Studium Fachhochschule München
1985–1987 Mitarbeit im Büro Alexander Freiherr von Branca
1988–1991 Mitarbeit im Büro Schmidt-Schicketanz und Partner
Mitglied der Vertreterversammlung sowie diverser Ausschüsse der
Bayerischen Architektenkammer, sowie im Berufsverband freier
Architekten und Bauingenieure engagiert

PETER ROSSMY / DIPL.-ING. ARCHITEKT
*1959, Studium Fachhochschule München
1986–1987 Mitarbeit im Büro Prof. Riepl
1988–1990 Mitarbeit im Büro Klein Sänger Scheer

Bürogründung 1992 in München als Architekten GbR,
bis 2004 mit E. Steinert

BÜROADRESSE

Färbinger Rossmy Architekten
Sophienstraße 1
80333 München
T. 089/55 32 84
F. 089/55 01 79 4
info@faerbinger-rossmy.de
www.faerbinger-rossmy.de

PROFILIEREN

// LYDIA HAACK, JOHN HÖPFNER
ARCHITEKTEN BDA

A MÜNCHEN, EIN ARCHITEKTURSTANDORT – WAS BEDEUTET PLANEN UND BAUEN IN MÜNCHEN?

München ist in vielerlei Hinsicht eine Stadt mit besonderem Profil. Als Hauptstadt von Bayern und „Tor zum Süden" ist München eine lebendige Stadt, mit ihrem dichten historischen Stadtkern zum einen traditionell gewachsen, zum anderen bereichert durch Bauten der Moderne wie beispielsweise dem Olympiastadion, einem Symbol für weltoffenes Denken und innovativer Architektur. Inmitten der Kontrapunkte von traditionell gewachsener und moderner Architektur finden wir allerdings ein weites Spektrum an baulichem Mittelmaß, das, gepflegt, robust und gediegen am Stadtrand oftmals in vorgeblich bayrisch-ländlich geprägte Baustile übergeht und wohl kaum zur Baukultur beiträgt. Kaufkraft und Wohlstand der Münchener drücken sich also selten durch innovative oder gar experimentelle Architektur aus, denn diese wird, angesichts von hohen Bau- und Lebenshaltungskosten, eher als zusätzliches Risiko angesehen.

Gleichzeitig ist über die drei Hochschulen, Universität, Fachhochschule und Akademie eine gewisse Intensität der Auseinandersetzung mit Architektur und Stadtraum, und ein hohes Diskussionsniveau auf vielen Plattformen gegeben. Auch erleben wir immer wieder, dass seitens der Stadt München lebendige Architektur erwünscht ist, und von Seiten der Behörden durchaus gefördert wird. Für uns ergeben sich also, trotz gewisser

Schwergängigkeit, immer wieder Chancen ungewöhnliche und innovative Denkanstöße zu geben und diese dann auch realisieren zu können.

B NEUES SELBSTBILDNIS DES ARCHITEKTEN – ARCHITEKTEN ALS ELITE UND ODER AKTIVE TEILNEHMER IN EINEM KOMPLEXEN MARKT?

Auch wenn der Begriff Elite mit vielen Vorbehalten behaftet ist, sehen wir den freischaffenden, um Baukultur bemühten Architekten als einen Vorreiter an, der andere für Architektur und eine lebenswerte Umwelt begeistern will und muss.
Diese Begeisterung lässt sich aber nicht per Dekret aus einer elitären Sonderstellung heraus diktieren, sondern muss unter Berücksichtigung der marktwirtschaftlichen Situation, entsprechend in engagierter Teamarbeit verantwortungsvoll entwickelt und konsequent im Planungs- und Bauprozess umgesetzt werden. Am Ende zählt das Ergebnis, und das ist nicht eine elitäre Setzung, sondern das Resultat der koordinierten und zielgerichteten Zusammenarbeit vieler Beteiligter.

C ORIENTIERUNG AN MARKTBEDÜRFNISSEN – DER ARCHITEKT ALS IMPULSGEBER, STRATEGISCH UND LOGISTISCH KLAR AUFGESTELLT, MIT KOMMUNIKATIONSKOMPETENZ UND ZIELFÜHRENDEN INNOVATIONSSTRATEGIEN?

Das wäre erstrebenswert und ist im besten Fall so. Nicht vergessen darf man dabei die Bedeutung des Bauherren. Dieser gibt sozusagen die Initialzündung, mit Bauplatz, Budget, Bauaufgabe und Wahl des Architekten, und sollte dann begeisterungsfähig aufgeschlossen und entscheidungsfähig sein und diese Beschlüsse auch konsequent mittragen und in der Realisierung stützen. Dann kann der Architekt als Impulsgeber eines Konzeptes innovativ und überzeugend arbeiten und seine Strukturen strategisch und logistisch entsprechend schaffen. Natürlich sollte man als Architekt bereits vorher für den Bauherrn als Partner mit entsprechender Qualifikation erkennbar sein. Den ersten Impuls gibt man also selber durch Auftreten und Arbeitsweise des eigenen Büros und der Offenheit für den Markt.

Wir selbst haben uns beispielsweise in der Auseinandersetzung mit Bauaufgaben, die nicht zu den klassischen Themen der Architektur gehören, eine Position am Markt erarbeitet, Impulse gegeben und Standards hinterfragt und neu gesetzt. Die von uns konzipierten und mit unserem Bauherren realisierten Tankstellen und Autowaschstraßen sind als Impulsgeber Teil eines Umdenkensprozesses hinsichtlich der gestalterischen und konstruktiven Qualität und Bedeutung von Gewerbebauten. Sie haben über Auszeichnungen, Publikationen oder beispielsweise die Aufnahme in den neuen Neufert, eine Vorbildfunktion bekommen. Eine vernachlässigte Bauaufgabe, bisher zum Nachteil von Stadtbild, öffentlichem Raum, von Kunden und Mitarbeitern hat darüber eine neue Bedeutung erhalten.

D STRATEGISCHE AUSRICHTUNG VON ARCHITEKTEN – GENERALIST ODER SPEZIALIST?

Die Kunst ist es doch als quasi hochspezialisierter Fachmann immer wieder den Blick auf das große Ganze zu bewahren. Vom Fensterdetail zum Städtebau und zurück gehört doch der Maßstabssprung vom Kleinen zum Großen und umgekehrt, das Verständnis und die Zuordnung aller Hierarchieebenen zu den wesentlichen Merkmalen unserer Arbeit. Erst wenn man eine Aufgabe in allen Bestandteilen schlüssig gelöst hat, ist das Ziel erreicht. Sicherlich gibt es in größeren Strukturen eine zunehmende Spezialisierung und Arbeitsteilung, in Großbüros und Behörden.

E WISSEN ALS WERTSCHÖPFUNGSOPTION – DER MEHRWERT DES ARCHITEKTEN?

Das klingt – salopp gesagt – nach „einmal ausgedacht und millionenfach mit Gewinn vermarktet" und wäre so gesehen eher falsch. Im Wesentlichen liegt das Wissen im Kennen und Beherrschen von Lösungsstrategien dahingehend, wie für immer wieder unterschiedliche komplexe Anforderungen Konzepte entwickelt und umgesetzt werden können. Also eigentlich in der Entwurfs- und Konzeptphase das „bewusste Nicht-Wissen", das „sich auf eine Thematik mit allen Sinnen einlassen", um vorbehaltlos komplexe Sachverhalte zu erarbeiten, ordnen und strukturieren zu können. Das Wissen, wie man dann das Erarbeitete gekonnt umsetzt, ist dann der nächste Arbeitsschritt, der einem in der Konzeptionsphase durchaus Sicherheit und Seriosität gibt.

F QUO VADIS MÜNCHEN – WO LIEGT DAS POTENZIAL?

München ist eine lebendige, wachsende Großstadt, in der eine geschäftige Atmosphäre des Umbaus herrscht. Flächen von Bahn, Post und Messe ebenso wie Gewerbe- und Industriebrachen bieten enorme Potenziale. Die Herausforderung bei der Planung und Entwicklung liegt unserer Meinung nach darin, so kompakt und so urban wie möglich zu bleiben, um dem eigentlichen Charakter der Stadt zu entsprechen. Das heißt auf Dauer einer „Stadtflucht" standzuhalten, um das Münchner Umland so wirkungsvoll wie möglich vor weiterer Zersiedlung zu schützen. Gleichzeitig geht es auch darum, das Nutzungsgemisch in den einzelnen Quartieren zu beleben und erschwingliches Wohnen und Arbeiten für alle Bevölkerungsschichten zu fördern. Für diesen Bedarf die entsprechende Vielfalt an Wohn- und Bauformen zu finden, oder auch die Qualität der urbanen Stadt- und Freiräume aufzunehmen und weiterzuführen (z. B. einen Viktualienmarkt, Nymphenburger Kanal, …), würde uns sehr reizen. München ist eine Stadt des architektonischen Diskurses in vielen Foren und Institutionen. Das ist Chance, Messlatte und Herausforderung, und als solches ein tolles Potenzial.

G DER TRAUM VOM RAUM – IHR LIEBLINGSPROJEKT?

Die Auseinandersetzung mit Raum und Konstruktion, deren Ablesbarkeit und die Überwindung der Raumbegrenzung über z.B die Leichtigkeit der Konstruktion, sowie die Inszenierung des Lichts, sind Themen die uns besonders berühren.
Lieblingsprojekte: Z. B. die Kuppel von San Lorenzo in Turin, von Guarino Guarini, die Fabrikhalle der Brynmawr Rubber Factory Wales, Co-Operative Partnership, Ove Arup and Partners, die Inszenierung „orange sun" von Olafur Eliasson, in der Tate Modern, 2004, der Campo in Siena, als urbaner Raum und noch einige mehr.

H LEBENSLAUF

LYDIA HAACK / AA. DIPL., ARCHITEKTIN BDA
Mitglied: Bay. Ak, Germany, ARB, Großbritannien
1988 Diplom Univ. of Applied Science, München
1988–1989 Doris und Ralph Thut, München
1989 Stipendium Deutscher Akademischer Austauschdienst
1991 Diplom Architectural Association, RIBA part II + III, London
1989–1995 Michael Hopkins & Partners, London
seit 1996 Lydia Haack + John Höpfner. Architekten

1995–2004 Wiss. Ass. TU München, Prof. R. Horden, Prof. H. Schröder
2001 Visiting Critic / Lecturer Queens University, Belfast
2004 Dozentin TU München, Lehrstuhl für Gebäudelehre und Produktentwicklung Prof. R. Horden, München
2006 Lehrauftrag Univ. of Applied Science, Coburg

JOHN HÖPFNER / AA. DIPL., ARCHITEKT BDA
1987 Kiessler, Steidle & Partner, Hamburg
1987–1989 Steidle und Partner, München
1989 Diplom University of Applied Science, München
1989 Stipendium Deutscher Akademischer Austauschdienst
1991 Royal Institute of British Architects part II + III
1991 Diplom Architectural Association, London
1989–1992 Michael Hopkins & Partners, London
1992–1994 Richard Rogers Partnership, London
seit 1996 Lydia Haack + John Höpfner . Architekten
1994–1999 Wiss. Assistent, TU München, Prof. T. Herzog
1998–2005 Visiting Critic / Lecturer Queens University Belfast

BÜROADRESSE

Lydia Haack + John Höpfner
Architekten BDA
Agnes-Bernauerstraße 113
80687 München
T. 089/123 91 73 10
F. 089/123 91 73 19
info@haackhoepfner.com
www.haackhoepfner.com

QUERDENKEN

// HERMANN HILLER
   ATELIER KWIN

A MÜNCHEN, EIN ARCHITEKTURSTANDORT – WAS BEDEUTET PLANEN UND BAUEN IN MÜNCHEN?

Da stellt sich mir die Frage, ob die Frage richtig gestellt ist: Architektur von Architekten beurteilen zu lassen, macht nicht immer Sinn; das gilt umso mehr für die Bewertung einer architektonischen und städtebaulichen Stimmung in einer Stadt – wie zum Beispiel München – durch einen Architekten. Entweder sind wir Architekten mit einzelnen Projekten, die in dieser Stadt entstehen, selbst beauftragt, oder ich bin mit bestimmten Architekten vertraut – befreundet –, die Dinge in der Stadt realisieren. Das alles führt zu einem stark gefärbten Bild, Objektivität entschwindet. So will ich hier nur kurz plaudern über meine Arbeit in dieser Stadt, über Netzwerke, die in München für mich sehr gut funktionieren. Damit will ich die Frage, nach dem Architekten als Generalist, auch gleich eindeutig mit „Nein" beantworten. Dazu später nochmal. Architektur: Ein Erlebnis! Planen und Bauen in München ist für mich keine Frage. Die Projekte, an denen ich arbeite, entstehen im Umland immer in Bezug zur Landeshauptstadt. Das ist das Einzugsgebiet – das macht die Spannung. Geplant wird in München; realisiert wird in der Peripherie: in Altötting, in Guttenburg, in Taufkirchen/Vils, in Bad Reichenhall und Eichstätt. Es handelt sich jeweils um Städtebau, Neubau und Umnutzung von Gebäuden, bisherige Brachflächen und Stadtteile mit einer langen, manchmal sehr skurrilen Geschichte – zum Teil mehr als 1000 Jahre. Interessant ist für mich dabei der lockere Umgang mit der Planungs- und Bauhistorie, mit der Geschichte, im Lauf der Jahre: Das Anpassen, Umplanen, Rückbauen und Weiterbauen. Architektur verliert dadurch das Statische, Manifestierte, Endgültige. Das Bauen als Prozess des Weiterbauens wird zum Ereignis. In dieser Dimension der Veränderung wird heutzutage nicht gedacht und gearbeitet.

Meine Gestaltung hingegen ist nicht bestimmt vom Diktat des „Tabula rasa", des Ausradierens von ausgedientem Gebautem und seiner vergessenen Geschichten, um dann auf der Grünen Wiese neu zu Bauen, sondern ich arbeite mit:

Anpassen an / Reiben mit / Verändern von / Kontrastieren zu.

C ORIENTIERUNG AN MARKTBEDÜRFNISSEN – DER ARCHITEKT ALS IMPULSGEBER, STRATEGISCH UND LOGISTISCH KLAR AUFGESTELLT, MIT KOMMUNIKATIONSKOMPETENZ UND ZIELFÜHRENDEN INNOVATIONSSTRATEGIEN?

Adolf Krischanitz hat einmal das Selbstverständnis der Architekten in seiner Stadt Wien, zu der Zeit, in der er selbst sein Selbstbild als Architekt dort formte, so beschrieben: Jeder, der nicht einmal nackt die Donau hinunter geschwommen ist, hatte in der damaligen Szene nichts verloren. Heute lese ich in der Frage nach dem Selbstbildnis des Architekten nicht das Bilden einer Selbstdefinition, die meinetwegen die des Isarschwimmens sein mag, sondern eine Selbstdefinition, die Markt und

Erfolg als Ziel und die Orientierung an dem Gängigen als Gebot sieht, und sich eben nicht freischwimmt. Das heißt für mich, Ziel sollte sein: Der Markt orientiert sich an der architektonischen Vorgabe, nicht die Architektur am Markt. Positionen setzen anstatt sich der Position anzupassen.

D STRATEGISCHE AUSRICHTUNG VON ARCHITEKTEN – GENERALIST ODER SPEZIALIST?

Der Architekt als Generalist – was für ein alter Traum! Immer schon mehr Wunsch und Dichtung als Wirklichkeit. Vielleicht stimmt es noch, wenn es um gestalterische Genialität geht, im Sinne: „Er wollte immer Bauen, aber sie ließen ihn nicht". Aber, wenn es dann ans Bauen geht, dann ist der Generalist schnell allein! Er braucht seine Werkstatt und seine Partner, denen er vertraut. Für mich ist die Zusammenarbeit mit Firmen, mit Handwerkern, in der Umsetzung sehr wichtig. Architektur machen und entstehen sehen, das ist Werkstatt. Und das heißt: Ab mit den individualistischen Eitelkeiten ins Fegefeuer! Diese Werkstatt bietet sich für mich in München. Hier gibt es ein Netzwerk, das funktioniert, ohne Zwang, das meist auf Freundschaft basiert. Ein Netzwerk, das sich aus den verschiedenen Sparten bildet, die sich mit dem Analysieren, Gestalten, Konstruieren und Dokumentieren des städtischen und architektonischen Raums beschäftigen. Konkret: Fotografen, Statiker, Architekten, Journalisten, Künstler.

Im Team 444 (exilhäuser, peter haimerl, kwin architekten, link architekten) haben wir dieses Münchener Netzwerk in einem der so beliebten Kartoffeldiagramme aufgezeichnet. Da sind die Einzelpersonen, die sich zu Planungsgruppen zusammentun, da gehört Thomas Beck dazu, der Statiker von a.k.a-Ingenieure, der immer gefragt ist, wenn die Grenzen zwischen Architektur und Skulptur verschwimmen, da ist Edward Beierle, der das Leben in den geschaffenen Räumen fotografiert, da ist die Freie Klasse München, die den öffentlichen Raum in München in Geschichten einpackt.

E WISSEN ALS WERTSCHÖPFUNGSOPTION – DER MEHRWERT DES ARCHITEKTEN?

Der Mehrwert des Architekten ist vielleicht der, dass es ihn gibt. Der Mehrwert der Architektur mag Imagebildung oder Imagegewinn oder andere unanständige Dinge bedeuten. Der Mehrwert der Architektur sollte der Atem und die Leidenschaft, das Licht und die Dunkelheit, das überraschend Heitere und das Banale, das Sinnvolle und Unsinnige sein. Architektur ist mehr als Design und sollte nur an der Architektur gemessen werden.
Der Mensch ist das Maß aller Schneider, aber die Architektur messt an der Architektur, sagt El Lissitzky.

F QUO VADIS MÜNCHEN – WO LIEGT DAS POTENZIAL?

Zur Architekturwoche A3 in München wurde, initiiert von Team 444, ein Camp hinter dem Haus der Kunst eingerichtet. Das Camp war ein provisorisches Redaktionsbüro, in dem jeder sich mit dem Titel der Architekturwoche – Reich macht schön – auseinandersetzen und gute Musik hören konnte. Passanten und Besucher wurden eingeladen, einen Artikel, eine Geschichte oder Bilder für das Magazin a.r.m. beizutragen. a.r.m. erschien am Ende der A3 mit 40 freien frischen unzensierten Beiträgen. Hier sehe ich das Potenzial der Stadt im Freischwimmen; vielleicht doch im Isarschwimmen.

G DER TRAUM VOM RAUM – IHR LIEBLINGSPROJEKT?

Der Traum vom Raum zeigt sich in Projekten, die sich Freiheit verschaffen – also nicht die Freiheit ausnutzen – und damit Raum zu formulieren. Geliebte Beispiele sind für mich das Museu de Arte Contemporânea de Niterói von Oscar Niemeyer, und, auf München bezogen, immer noch die zwei Bauten von Fehling + Gogel für die Max-Planck-Gesellschaft in Garching und „Das versunkene Dorf" von Timm Ulrichs in Fröttmaning. Bauskulpturen und gebaute Skulpturen.

H LEBENSLAUF

HERMANN HILLER / ARCHITEKT UND BILDHAUER
*1963, seit 1988 Freie Tätigkeit Architektur und Kunst in der Freien Klasse München, in sal4, in kwin, im Team 444 und hiller.

Letzte Projekte (Auswahl) 2008:
corto infinito, Liveschneiderperformance in fabrico infinito, Lissabon, Portugal
Wiederaufbau und Neubau, Unterholzner Burg, LK Altötting
Sanierung und Erweiterung Wasserschloss Taufkirchen/Vils
Planung und Ausführung Galerieneubau Schloss Guttenburg

und Dank an Nico Forster für die außergewöhnlichen Projekte, an Ralf Homann für die Texthilfe und an Edward Beierle für die schönen Fotos

I BÜROADRESSE

Hermann Hiller, Atelier kwin
Sedanstraße 27, 81667 München
T. 089/54 78 77 70, F. 089/54 78 77 72
hermann.hiller@kwin.de, www.kwin.de

VERKNÜPFEN

// MARTIN HIRNER, MARTIN RIEHL
   HIRNER & RIEHL ARCHITEKTEN

A MÜNCHEN, EIN ARCHITEKTURSTANDORT – WAS BEDEUTET PLANEN UND BAUEN IN MÜNCHEN?

Klassizismus, Neues Bauen, eine Stadt hoher stadträumlicher Qualität. Architektur von Klenze und Gärtner, über Theodor Fischer, Ruf, Döllgast … bis zu Behnischs Olympiabauten verpflichten uns zu einer modernen, einfachen und klaren Architektur. Reduktion und Material spielen aus dieser Tradition heraus eine große Rolle.
Bezugspunkt bleibt aber die Stadt, deren räumlicher und historischer Kontext gibt den Rahmen.

B NEUES SELBSTBILDNIS DES ARCHITEKTEN – ARCHITEKTEN ALS ELITE UND ODER AKTIVE TEILNEHMER IN EINEM KOMPLEXEN MARKT?

Aufgabe der Architektur und der Architekten sei es, „die Zwecke Raum werden zu lassen", ist Adornos zentrale These in seinem Werkbundessay „Funktionalismus heute". Solche Zwecke sind je Projekt äußerst unterschiedlich und vielfältig – jedenfalls poetischer als der Begriff „Zweck" vermuten lässt.
Unsere Arbeit geschieht als verknüpfen, verweben von Strängen, die Bilder, Materialien, Wünsche, Konstruktionen, Geschichte, Orte, Budgets, Funktionen etc. sein können. So entsteht die Textur, das Gebäude oder der Stadtraum. Im Grunde sind wir Netzwerker in einem elementaren Sinn.

Als Fachleute für komplexe Kommunikation und Konstruktion sind wir sicher auch Elite – aber eben Funktionselite.

C ORIENTIERUNG AN MARKTBEDÜRFNISSEN – DER ARCHITEKT ALS IMPULS-GEBER, STRATEGISCH UND LOGISTISCH KLAR AUFGESTELLT, MIT KOMMU-NIKATIONSKOMPETENZ UND ZIELFÜHRENDEN INNOVATIONSSTRATEGIEN?

Jeder bauende Architekt ist „Marktteilnehmer" und wird sich – wie auch immer – am Markt orientieren – andernfalls verschwindet er von demselben.
Genauer betrachtet sind die „Marktbedürfnisse" aber gar nicht klar, eher Trends und Strömungen. Die Diversität des Marktes sehen wir eher als Möglichkeit der Anknüpfung und Anregung – oder wir sehen dort das, was wir sicher nicht wollen.
Markttrends allein entscheiden über unsere Architektur nicht, und als Erfüllungsgehilfen des Marktes und seiner Trends sehen wir uns sowieso nicht.

D STRATEGISCHE AUSRICHTUNG VON ARCHITEKTEN – GENERALIST ODER SPEZIALIST?

Natürlich kann der Architekt nur Generalist sein. Dabei muss man Generalist richtig begreifen: Generalist sein, bedeutet nicht, alles genau zu wissen, sondern Dimension und Facetten einer Aufgabe zu verstehen

und noch ein Stück über den Aufgabenbereich hinauszublicken. Der Generalist ist dann eher Hermeneutiker.
Architekt und Generalist sind aus unserer Sicht synonym – einer, der sich beispielsweise nur auf den Bau von Tiefgaragen versteht, wird sich kaum als Architekt bezeichnen.

E WISSEN ALS WERTSCHÖPFUNGSOPTION – DER MEHRWERT DES ARCHITEKTEN?

„Mehrwert", ein Begriff aus der politischen Ökonomie Marx' – nicht unsere Sprache – aber das Thema wäre dann: Was schafft der Architekt über das Gebäude (im engeren materiellem Sinn) hinaus?
Architektur generiert immer eine neue Realität – allein schon dadurch, dass Bezüge, Funktionen und Kubaturen neu geordnet werden. Orte werden neu definiert und Stadträume neu interpretiert. Vorausgesetzt, es gelingt, werden Bauten Teil städtischer Identität – beispielsweise Behnischs Olympiastadion.
Mit dem Gebäude erhalten die Zwecke Gestalt und damit gewinnen Nutzung und Inhalt Form – der Nutzer oder die Institution stellt sich dar und gewinnt vice versa Gestalt und öffentliche Präsenz – auch Corporate Identity genannt. Peinlich wird die Sache allerdings, wenn die Corporate Identity zu Formalismus und Extravaganz gerät.

F QUO VADIS MÜNCHEN – WO LIEGT DAS POTENZIAL?

Das Potenzial liegt bei den vielen engagierten und kompetenten Architekten der Stadt. Würde man sich deren Können zunutze machen, bestünde die gute Möglichkeit, eine schöne Stadt weiterzubauen – die Gefahr der Event- und Investorenarchitekturen wäre geringer.

G DER TRAUM VOM RAUM – IHR LIEBLINGSPROJEKT?

Traum? – eher das Bauen aus dem Wohnen denken (Heidegger) – der Wunsch, dass die Projekte schließlich so werden, wie sie gedacht wurden, und sowohl in ihrer Nutzung als auch ihrer Gestalt mehr als nur die Trends bedienen. Ziel wäre, aus der Sache die Poesie der Gebäude zu gewinnen – „Der Traum vom Raum".

H LEBENSLAUF

DR. MARTIN RIEHL
*1954
1976 Architekturstudium und Diplom an der TU München
1983 Kunstgeschichtsstudium und Promotion
1986–1989 eigenes Architekturbüro
seit 1990 Partner im Architekturbüro Hirner & Riehl Architekten BDA

MARTIN HIRNER
*1954
1977 Studium Architektur in München (TU) und Zürich (ETH)
1983–1987 Gründer und Geschäftsführer des Zimmereibetriebs H.u.P
und Partner im Architekturbüro Hauser und Hirner
1988–1990 Baubezirksleiter bei der Erzdiözese München und Freising
seit 1990 Partner im Architekturbüro Hirner & Riehl Architekten BDA

BÜROADRESSE

Hirner & Riehl Architekten BDA
Holzstraße 7
80469 München
T. 089 / 21 89 84 43 - 0
F. 089 / 21 89 84 43 - 33
m.riehl@hirnerundriehl.de
www.hirnerundriehl.de

ÜBERRASCHEN

// ACHIM HÖFER, CHRISTIAN LÖSCHER
   HÖFER LÖSCHER ARCHITEKTEN

A MÜNCHEN, EIN ARCHITEKTURSTANDORT – WAS BEDEUTET PLANEN UND BAUEN IN MÜNCHEN?

Umgang mit dem Bestand der gewachsenen Stadt. Architektonische Ereignisse sind vereinzelt auf dem Stadtgrundriss verteilt. Planen und Bauen in einer Stadt mit vielen Entscheidungsträgern.

B NEUES SELBSTBILDNIS DES ARCHITEKTEN – ARCHITEKTEN ALS ELITE UND ODER AKTIVE TEILNEHMER IN EINEM KOMPLEXEN MARKT?

Der Architekt navigiert zwischen Gremien, Industrie und Nutzern und bewertet seinen Tätigkeitsschwerpunkt von Fall zu Fall. Es ist ein Zusammenspiel in einem Netzwerk von Fachleuten.
Das Verhältnis von angebotenen Architektenleistungen zur Nachfrage durch Bauherren ist gestört. Durch den starken Wettbewerb fallen Honorare oft zu Ungunsten des Architekten aus. Bauherren haben die Auswahl zwischen vielen guten und sehr guten Architekten. Honorarwürdige Leistungen werden als Akquise vom Architekt fast verschenkt.

> **C** ORIENTIERUNG AN MARKTBEDÜRFNISSEN – DER ARCHITEKT ALS IMPULS-GEBER, STRATEGISCH UND LOGISTISCH KLAR AUFGESTELLT, MIT KOMMUNIKATIONSKOMPETENZ UND ZIELFÜHRENDEN INNOVATIONSSTRATEGIEN?

Philosophien des Marktes erkennen und in eine physische Sprache übersetzen. Der Architekt kreiert mit seinem Tun Marken als gebauten Raum.

> **D** STRATEGISCHE AUSRICHTUNG VON ARCHITEKTEN – GENERALIST ODER SPEZIALIST?

Der Generalist koordiniert die Spezialisten. Der Architekt kann beides sein. Optimieren von Vorgängen und Konstruktionen unter zu Hilfenahme von Fachleuten. Spezialkenntnisse helfen sehr bei der Kundenfindung und Kundenbindung.

E WISSEN ALS WERTSCHÖPFUNGSOPTION – DER MEHRWERT DES ARCHITEKTEN?

Der Blick von außen ermöglicht es dem Architekten, im Einzelfall neue Perspektiven und Lösungswege aufzuzeigen. Der strukturelle und gestalterische Mehrwert kommt oft durch die Hintertür in einer Folge kundenorientierter Entscheidungen. Strukturelle Kenntnisse über den Auftraggeber sind mindestens so wichtig wie bloßes Fachwissen.

F QUO VADIS MÜNCHEN – WO LIEGT DAS POTENZIAL?

München liegt in der Mitte von Europa, das sich in einem Prozess der Öffnung befindet.

G **DER TRAUM VOM RAUM – IHR LIEBLINGSPROJEKT?**

Der pure Raum ist erlebbar, wenn er aus sich selbst entsteht. Formgebende, gestaltende und beschränkende Einflüsse erzeugen Räume. Räume bieten Raum zur Aneignung durch Benutzer.
Sinnliche Qualitäten, Licht, Farben, Luftbeschaffenheit, Klänge, Materialien, sollten bei allen Notwendigkeiten im Vordergrund stehen. Dem Mainstream, der sich fast ausschließlich an der wirtschaftlichen Optimierung orientiert, sollten sichtbare Zeichen erfahrbarer Architektur gegenüber stehen, die überraschen und das Herz aufgehen lassen.

H LEBENSLAUF

ACHIM HÖFER / DIPL.-ING. ARCHITEKT
*1961, 1994 Diplom TU Darmstadt
Tätig als Architekt seit 1994
Freie Mitarbeit: Planen+Umwelttechnik Dr. Schnappinger München, Schmidhuber und Partner München, Ingenieurbüro Deutsche Telekom Immobilien München
Selbstständig seit 2003

CHRISTIAN LÖSCHER / DIPL.-ING. ARCHITEKT
*1967, 1995 Diplom TU München
Tätig als Architekt seit 1995
Freie Mitarbeit: AGS Stadtplanung München, KUK Filmproduktion München, Prof. Hassenpflug Bauhaus Universität Weimar, Ingenieurbüro Deutsche Telekom Immobilien München
Selbstständig seit 2003

BÜROADRESSE

Höfer Löscher Architekten
Achim Höfer, Christian Löscher
Zenettistraße 11
81371 München
T. 089/52033360
F. 089/52033361
kontakt@hlarchitekten.de
www.hlarchitekten.de

VORSTELLEN

// STEFAN HOLZFURTNER
   HOLZFURTNER UND BAHNER ARCHITEKTEN

A MÜNCHEN, EIN ARCHITEKTURSTANDORT – WAS BEDEUTET PLANEN UND BAUEN IN MÜNCHEN?

Der Architekturstandort München ist in der Wahrnehmung sehr stark abhängig von öffentlichen Bauherren – weil heutzutage öffentliche Bauten Gradmesser für den Status der Baukultur sind. Dieses grundsätzliche Architekturwollen, also die Forderung nach hoher Qualität, die Wettbewerbskultur, die hochgehalten wird, ist aber nur eine Seite. Die andere Seite ist der Rückzug aus notwendiger Einmischung, z. B. beim Standort Alte Chemie in der Karlstraße. Diese Sprachlosigkeit paart sich dann mit einer Kommerzialisierung. Bauen in München bedeutet eine ständige Auseinandersetzung mit diesem widersprüchlichen Selbstbild der Stadt – hier das gemütliche, historische München, dort die postulierte Weltstadtrolle.

B NEUES SELBSTBILDNIS DES ARCHITEKTEN – ARCHITEKTEN ALS ELITE UND ODER AKTIVE TEILNEHMER IN EINEM KOMPLEXEN MARKT?

Die Frage suggeriert, Elite sei eine Selbstausgrenzung vom Baugeschehen. Verzicht auf Teilnahme am Baugeschehen ist aber keine freiwillige Entscheidung, sondern eine Folge des Branchenwandels. Große Aufträge sind für freie Architekten nicht mehr zugänglich, weil institutionelle Bauherren nur noch mit Generalplanern arbeiten. Auch öffentliche Auftraggeber tragen zur Marginalisierung des freien Architekten bei, betrachtet man z. B. die fragwürdigen Selektionskriterien der VOF-Vergabe. Das führt immer mehr zu einer Polarisierung bei freien Architekten: Auf der einen Seite eine bauende Elite, deren Namen als Markenträger einen Mehrwert suggeriert, auf der anderen Seite eine unfreiwillige Elite, die eigene architektonische Standpunkte vertritt, um den Preis der Marktteilnehmerschaft.

> **C** ORIENTIERUNG AN MARKTBEDÜRFNISSEN – DER ARCHITEKT ALS IMPULS-GEBER, STRATEGISCH UND LOGISTISCH KLAR AUFGESTELLT, MIT KOMMU-NIKATIONSKOMPETENZ UND ZIELFÜHRENDEN INNOVATIONSSTRATEGIEN?

Der Architekt hat eine hohe Innovationsfähigkeit, weil er über konkrete Aufgabenstellungen hinausdenken kann. Aber wer ist in der Realität für die Aufgabenstellung verantwortlich? Der Architekt steht als Erfüllungsgehilfe des Bauherren ganz am Ende, hinter Projektentwicklern, Geldgebern etc. Innovation ist aber ein interaktiver Prozess, der durch feste Hierarchien gehemmt wird. Orientierung an Marktbedürfnissen schließt das nicht aus – weil Nachfragepräferenzen eben nicht starr sind, lässt sich hier ein Veränderungsprozess einleiten. Das erfordert aber den Mut aller, neue Wege zu probieren. Siehe Werkbundsiedlung München. Hier wurden von Architekten Innovation propagiert, auch hier wurde die Marktkompatibilität diskutiert. Letztlich waren es nicht die Investoren, die den Mut nicht aufbrachten, sondern die politischen Entscheidungsträger.

D STRATEGISCHE AUSRICHTUNG VON ARCHITEKTEN – GENERALIST ODER SPEZIALIST?

Der Architekt muss heute Spezialist für das Generelle sein, weil die Frage nach der Verantwortung immer wichtiger wird. Der klassische Bauherr, der Verantwortung übernimmt, gehört zu einer aussterbenden Spezies. Sobald es am Bau Probleme gibt, sucht jeder Bauherr sofort nach Fremdverschulden. Niemand will daher Risiken tragen, andere Lösungen suchen. Das Bauen ist eine innovationsträge Branche. Leider braucht es Jahre, bis Veränderungen vom Markt bzw. von den Entscheidungsträgern akzeptiert werden.

Die Stellung des Architekten verlangt Spezialwissen in allen Teilbereichen des Bauens, weil er im Falle eines Schadens immer Mitverantwortung trägt. Daher wird diese Verantwortung möglichst delegiert, es werden Ingenieure für Fassaden, für Aufzüge o. ä. beauftragt. Weil dies nicht immer möglich ist, wird vom Architekten gefordert, sich Spezialwissen anzueignen und vor allem aktuell zu halten.

E WISSEN ALS WERTSCHÖPFUNGSOPTION – DER MEHRWERT DES ARCHITEKTEN?

Faktenwissen wird bereitwillig honoriert, weil es unverzichtbar erscheint, der Architekt wird aber immer noch zu sehr als Künstler gesehen. Daher wird vom Bauherrn im Planungsprozess das, was der Architekt vorschlägt, eher in Frage gestellt, als die Aussagen des Statikers. Der Mehrwert des Architektenwissens ist dagegen nicht so leicht zu erkennen. Spezialisten neutralisieren sich oft gegenseitig. So gelingt es meist nur dem Architekten, den Input von Fachingenieuren zu gewichten und in eine sinnvolle Gesamtlösung zu integrieren. Es ist unsere Aufgabe, dem Bauherrn klarzumachen, dass darin ein Mehrwert liegt. Am ehesten gelingt dies noch in Bereichen wie der Energieberatung. Da bekommt der Bauherr die Kostenersparnis als klaren Gegenwert. Dass Wissen um sinnvoll zu gebrauchende Raumkonzepte einen Mehrwert darstellt, ist dagegen schwieriger zu vermitteln.

F QUO VADIS MÜNCHEN – WO LIEGT DAS POTENZIAL?

München als Wachstumspol unterliegt der Gefahr der Saturiertheit. Ich sage nicht, dass München alle Trends unüberlegt mitmachen soll. Aber die Planungspolitik kann nicht nur sagen, der Erfolg ist ohnehin da, wir müssen nur dessen negativen Effekte mildern, hohe Mieten, Verdrängungsprozesse, Verkehr. München mit seinem hohen Anteil an internationalen Konzernen ist empfindlich gegenüber globalen Einflüssen. Es ist zu begrüßen, wenn Siemens auf leergewordenen Arealen Stadtentwicklung betreibt. Aber gleichzeitig wirft diese Deindustrialisierung Fragen nach der Zukunft auf. Können wir diese Stadt architektonisch wirklich mit den Mitteln des letzten Jahrhunderts, Blockrandbebauung oder Dachgeschossausbau weiterbauen? Ich denke, wir brauchen neue Vorstellungen von sozialer Interaktion, Dichte, öffentlichem Raum für München. Darin liegt das Potenzial, dass jetzt die Ressourcen dafür da sind.

G DER TRAUM VOM RAUM – IHR LIEBLINGSPROJEKT?

Ich bin ein großer Anhänger der Stadt, des urbanen Lebens. Daher habe ich eine Vision von einer neuen Stadt, die die funktionale Entflechtung der Moderne überwunden hat. Öffentliche Räume, die auch Dichte, Konflikte, Verkehr als sinnlichen Reiz zulassen, daraus Aufenthaltsqualität generieren und Toleranz fördern. Eine Vision, in der es uns gelingt, die Raumqualitäten der vorindustriellen Stadt in eine Nachmoderne zu transferieren. Wo Kinder keine umzäunten Spielplätze benötigen, sondern auf Straßen und Plätzen spielen können. Wo Verkehr nicht ausschließlich separiert wird, als S-Bahn, Straße und Fußgängerzone. Wo steht bitte geschrieben, dass die S-Bahn schnell fahren muss und mindestes einen 60 cm hohen Bordstein braucht. In meiner Vorstellung ist der Münchner Stachus wieder ein gemeinsamer Ort für Fußgänger, Autos und Straßenbahnen mit Aufenthaltsqualität. Wer in die Straßenbahn einsteigt, kann damit durch die Stadt fahren und mit der gleichen Bahn als S-Bahn an den Ammersee oder zum Bergsteigen.

H LEBENSLAUF

STEFAN HOLZFURTNER / ARCHITEKT BDA DWB
*1961, 1982–1993 Studium FH München; Dipl. Ing. (FH) und
TU München Dipl. Ing. (Univ.)
1986–1994 Mitarbeit u.a. bei Prof. L. Riemerschmid, Schraud &
Wirthensohn, Prof. Herbert Meyer-Sternberg.
1994–2000 Wiss. Assistent bei Prof. Ueli Zbinden im Fach Baukonstruktion und Entwurfsmethodik an der TU München.
seit 1993 eigenes Architekturbüro in München
seit 1997 Büro Holzfurtner und Bahner

I BÜROADRESSE

Holzfurtner und Bahner
Dipl.-Ing. Architekten
Schraudolphstraße 26
80799 München
T. 089/27 30 1 88
F. 089/27 81 72 12
info@holzfurtner-bahner.de
www.holzfurtner-bahner.de

VERWIRKLICHEN

// HANNES RÖSSLER
   ARCHITEKTURBÜRO HUBER RÖSSLER

A MÜNCHEN, EIN ARCHITEKTURSTANDORT – WAS BEDEUTET PLANEN UND BAUEN IN MÜNCHEN?

In einem sehr attraktiven, sehr teuren und sehr regulierten Umfeld Spielräume zu finden und zu behaupten.

B NEUES SELBSTBILDNIS DES ARCHITEKTEN – ARCHITEKTEN ALS ELITE UND ODER AKTIVE TEILNEHMER IN EINEM KOMPLEXEN MARKT?

Eine elitäre Ausbildung ist die Grundlage, mehr oder weniger schnell bzw. erfolgreich als aktive Teilnehmer in einen komplexen Markt dabei zu sein.

> **C** ORIENTIERUNG AN MARKTBEDÜRFNISSEN – DER ARCHITEKT ALS IMPULS-GEBER, STRATEGISCH UND LOGISTISCH KLAR AUFGESTELLT, MIT KOMMUNIKATIONSKOMPETENZ UND ZIELFÜHRENDEN INNOVATIONSSTRATEGIEN?

Impulsgeber oder Feindbild, das ist wohl Geschmackssache und beruht am Ende auf der sicher für Architekten unerlässlichen Kommunikationskompetenz – allerdings auf unterschiedlichen Gesprächsniveaus und mit entsprechenden unterschiedlichen Auftraggebern und Ergebnissen.

> **D** STRATEGISCHE AUSRICHTUNG VON ARCHITEKTEN – GENERALIST ODER SPEZIALIST?

Die Elite: Designspezialist mit weitem Aufgabenfeld.
Der Großteil: Durchführungsgeneralist mit engem Aufgabenfeld.

E WISSEN ALS WERTSCHÖPFUNGSOPTION –
DER MEHRWERT DES ARCHITEKTEN?

Theoretisch ja. Aber ist Wissen wirklich gefragt? Daher vielleicht eher praktisch: Umsetzungsfähigkeit. Oder zynisch: Durchsetzungsfähigkeit.

F QUO VADIS MÜNCHEN – WO LIEGT DAS POTENZIAL?

Das Potenzial liegt im Wandel, dem der attraktive Standort unterworfen ist – ein Pleonasmus.

G DER TRAUM VOM RAUM – IHR LIEBLINGSPROJEKT?

Projekt im Sinne von Noch-nicht-Verwirklichtem: Die Werkbundsiedlung in München – in der ursprünglichen Version.

H LEBENSLAUF

HANNES RÖSSLER / DIPL.-ING. ARCHITEKT BDA DWB
*1962 in Karlsruhe
Zimmererlehre
Architekturstudium in München, Zürich und Wien
Mitarbeit bei Hilmer & Sattler Architekten, München
Assistenz Internationale Sommerakademie für bildende Kunst Salzburg,
Klasse Heinz Tesar
Eigenes Architekturbüro in München mit Birgit Huber
Ausstellungsprojekt „Minihäuser in Japan"
Vorsitzender Deutscher Werkbund Bayern e.V. (bis März 2006)
Lehraufträge FH München und FH Rosenheim
Initiative „Werkbundsiedlung Wiesenfeld" München

BÜROADRESSE

Architekturbüro Huber Rössler
Wormser Straße 3
80797 München
T. 089/1279974-1
F. 089/1279974-0
info@huber-roessler.de
www.huber-roessler.de

WIRKEN

// MARKUS JATSCH, INA LAUX, GUNTHER LAUX
JATSCH LAUX ARCHITEKTEN

A MÜNCHEN, EIN ARCHITEKTURSTANDORT – WAS BEDEUTET PLANEN UND BAUEN IN MÜNCHEN?

Kontext.
Planen und Bauen heißt Orte lesen, interpretieren und formulieren. Jede Bauaufgabe ist auf den konkreten Ort bezogen und hat ihren eigenen Kontext. Der Kontext ist für uns sowohl ein räumlicher, als auch ein sozialer und wirtschaftlicher. Kontext meint dabei nicht den Ort zu imitieren, sondern auf ihn maßgeschneidert zu reagieren.

B NEUES SELBSTBILDNIS DES ARCHITEKTEN – ARCHITEKTEN ALS ELITE UND ODER AKTIVE TEILNEHMER IN EINEM KOMPLEXEN MARKT?

Raum.
Architektur bedeutet für uns nicht nur Häuser zu bauen, sondern Raum zu schaffen. Der Raumbegriff ist mehrdimensional. Er umfasst Gebäude, Innenräume und Atmosphären, aber auch Landschafts- und Stadträume. Unser Selbstbildnis als Architekten ist dabei kein neues, sondern vielmehr ein altes. Als Architekten bilden wir die Schnittstelle aus Kunst, Wissenschaft und Handwerk und verstehen uns als Teil eines Teams aus verschiedenen Professionen. Das Team mit seinen Qualifikationen konstituiert sich jeweils entsprechend der Raumaufgabe. Dadurch entstehen neue und komplexe Lösungen, die mehr sind als die Summe der einzelnen Protagonisten.

> **C** ORIENTIERUNG AN MARKTBEDÜRFNISSEN – DER ARCHITEKT ALS IMPULS-GEBER, STRATEGISCH UND LOGISTISCH KLAR AUFGESTELLT, MIT KOMMUNIKATIONSKOMPETENZ UND ZIELFÜHRENDEN INNOVATIONSSTRATEGIEN?

Gestaltung.
Die Ausrichtung wirtschaftlicher Interessen fokussiert nicht nur auf Reduzierung, Optimierung und Maximierung, sondern auch auf Nachhaltigkeit. Diese wird jedoch überwiegend auf Ökologie und Technologie begrenzt. Nachhaltige Lösungen bedeuten aber auch Dauerhaftigkeit durch eine anspruchsvolle Gestaltung des gebauten Raums.

> **D** STRATEGISCHE AUSRICHTUNG VON ARCHITEKTEN – GENERALIST ODER SPEZIALIST?

Interdisziplinarität.
Wir verstehen uns als konzeptionelle Gestalter und sind dabei sowohl Generalist als auch Spezialist. Als Generalist sind wir in der konzeptionellen Arbeit in sozialen, ökonomischen und politischen Strukturen. Gleichzeitig sind wir Spezialist beim Entwurf, bei der Entwicklung einer Lösung, der Gestaltung und Produktion von Raum.
Unser Interesse gilt daher nicht bestimmten Stilen, sondern den Wirkungen. Diese basieren auf einer gegenseitigen Beziehung von Raum und Programm. Wir müssen Handlungsbedarf erkennen, Prozesse anregen und Projekte initiieren.

E WISSEN ALS WERTSCHÖPFUNGSOPTION – DER MEHRWERT DES ARCHITEKTEN?

Angewandte Forschung.
Jede Entwurfsaufgabe erfordert besondere Entwurfswerkzeuge. Unsere Arbeitsmethodik basiert auf „Research by Design", denn nur durch eine kreative Verbindung aus Forschung und Praxis lässt sich Architektur fundiert weiterentwickeln und hochwertige Gestaltung erzielen. Sie ermöglicht einen gesellschaftlichen und kulturellen Mehrwert und schafft eine langfristige ökonomische Optimierung. Kurzlebige Moden haben keine großen Überlebenschancen.

F QUO VADIS MÜNCHEN – WO LIEGT DAS POTENZIAL?

Morphologie.
München zeichnet sich durch seine spezifische Stadtmorphologie aus. Wir begreifen München nicht als den Stadtraum innerhalb von Verwaltungsgrenzen, sondern als Metropolregion und Millionendorf. München ist vieles gleichzeitig. Das Zusammenwirken unterschiedlicher Raumtypologien begünstigt sich hierbei gegenseitig und erzeugt eine stabile Raumstruktur. Wir sehen das Potenzial Münchens, neue Räume zu schaffen, welche außerhalb planerisch festgelegter Grenzen liegen und das Betreten von Neuland ermöglichen.

> **G** DER TRAUM VOM RAUM – IHR LIEBLINGSPROJEKT?

Wahrnehmung.
Raum und Wahrnehmung bedingen sich gegenseitig. Uns faszinieren Räume, die herausfordern, stimulieren und bereichern.
Hierzu gehören der Innenhof der Glyptothek in München, der einen Innenraum als Außenraum formuliert (Leo von Klenze, 1830; Josef Wiedemann, 1972), das Salk Institute in La Jolla, Kalifornien, mit einem (Zwischen)raum, der den Blick führt (Louis Kahn, 1966), sowie Venedig mit seinem komplexen und unabsehbaren Raumgefüge.

„It is ideas that give us courage"
Voltaire

LEBENSLAUF

Jatsch Laux Architekten, gegründet 1996, Büros in München und London, internationale Lehr- und Forschungstätigkeit, Architekturförderpreis 2001 der Landeshauptstadt München.

MARKUS JATSCH / DR.-ING., MSAAD, ARCHITEKT RIBA, STADTPLANER
Architekturstudium Universität Stuttgart und Columbia University New York, Promotion TU München, Mitarbeit bei David Chipperfield Architects.

INA LAUX / DIPL.-ING. (UNIV.), ARCHITEKTIN, STADTPLANERIN
Architekturstudium TU München, Kooperation mit Fürst Developments Salzburg.

GUNTHER LAUX / DR.-ING., MA, REGIERUNGSBAUMEISTER, ARCHITEKT, STADTPLANER
Architekturstudium TU München und Architectural Association London, Referendariat, Große Staatsprüfung, Promotion TU München.

BÜROADRESSE

Jatsch Laux Architekten
Markus Jatsch, Ina Laux, Gunther Laux

Donnersbergerstraße 49
80634 München
T. 089/35 85 55 - 85
F. 089/35 85 55 - 84

65-69 East Road
London N1 6AH
T. +44 20 75 49 74 80
F. +44 20 75 49 74 81

info@jatschlaux.com
www. jatschlaux.com

KLÄREN

// JOACHIM JÜRKE
JÜRKE ARCHITEKTEN BDA

> **A** MÜNCHEN, EIN ARCHITEKTURSTANDORT – WAS BEDEUTET PLANEN UND BAUEN IN MÜNCHEN?

Anhand von lokalen oder zeitlichen Vergleichen kann man sehr gut darstellen, dass aus Münchener Sicht zwei grundsätzliche Traditionen des architektonischen Handelns erkennbar sind, die es gelten sollte, weiter zu verfolgen, und die einfache und klare Parameter darstellen, nach denen auch zukünftig geplant und gebaut werden könnte.

A: Der Grundsatz der Zurückhaltung.
Starke Stadtbilder ergeben sich aus der Flucht langer horizontaler Linien, rhythmisiert durch die Komposition der einzelnen Fassaden. Der Wunsch nach Fluchten wurde zum Grundsatz des Münchner Wiederaufbaus nach dem Krieg. Das Einzelne tritt zugunsten des Gesamtbildes in den Hintergrund. Das Gesamtbild wird vom Bauherrn und den ausführenden Architekten gewürdigt, indem es eben nicht nach Abgrenzungen, konkurrierenden Unterschieden und purer Darstellung von Individualität sucht, sondern in der Einfügung die Wirkung des Gesamten unterstützt. Der Verfall des disziplinierten Handelns zugunsten des Gemeinwohls schwächt die Architektur im Gesamten – sichtbar an einigen Stadtentwicklungen der jüngeren Vergangenheit. Eine Konsolidierung der städtebaulichen Rahmenbedingungen bedeutet, wieder der Typologie Münchens gerecht zu werden.

B: Die Förderung qualitätvoller Einzelvorhaben.
Ebenso wichtig für die Architektur zur Markierung von Zeitebenen und architektonischer Haltung ist die Unterstützung exponierter Baumaßnahmen. Diese Tradition gibt es nicht erst seit den ersten Museumbauten. Die klare Entgegensetzung von kraftvollen Signalen im Stadtbild darf jedoch nicht zur Ikonographie von Werbekampagnen verkommen. Stadtmarketing hat nicht erst seit Bilbao die anziehende Wirkung von Baukunst entdeckt.
Um stadtbildprägende Privatinitiativen gab es in den letzten Jahren berechtigte Diskussionen wie z. B. das Opernhaus in Kopenhagen, oder die Elbphilharmonie in Hamburg. Bauwerke dieser Größenordnung sollten nicht ohne vorangegangenen Wettbewerb unter engagierter Bürgerbeteiligung stattfinden.

B NEUES SELBSTBILDNIS DES ARCHITEKTEN – ARCHITEKTEN ALS ELITE UND ODER AKTIVE TEILNEHMER IN EINEM KOMPLEXEN MARKT?

Das Ansehen und der Respekt vor dem Berufsstand des Architekten wurde auch unter Einfluss diverser Berufsgruppen wie Wirtschaftsfachleuten, Juristen, und nicht zuletzt auch von Politikern zunehmend begrenzt und geschwächt.
Architekten werden immer seltener von Entwurf bis zur Objektüberwachung durchgehend beauftragt. Abschnittsweise Beauftragungen,

weitergehende Planungsbeauftragung durch die ausführende Firma, Stückelungen innerhalb der Leistungsphasen sind zunehmend die Regel. Der Architekt als ehemaliger „Generalintendant" einer Bauaufgabe ist oftmals nur noch einer von mehreren Solisten, dirigiert von Sachzwängen.
Die Vereinzelung der Aufgaben innerhalb des Bau- und Planungsprozesses ohne eigentliche Hierarchie führt jedoch zur formalen Schwächung des Gesamtvorhabens. Der Architekt muss seine Autorität am Bau wieder zurückerlangen, oder mit der gegenwärtigen Form der Beauftragungsvielfalt und der Kompetenzteilung umgehen lernen. Das bedingt jedoch Kenntnisse in bisher fachfremden Disziplinen, die in der klassischen Architekturausbildung nicht vorgesehen sind.

C ORIENTIERUNG AN MARKTBEDÜRFNISSEN – DER ARCHITEKT ALS IMPULSGEBER, STRATEGISCH UND LOGISTISCH KLAR AUFGESTELLT, MIT KOMMUNIKATIONSKOMPETENZ UND ZIELFÜHRENDEN INNOVATIONSSTRATEGIEN?

Dem Modell der Diversifikation der Planungsbeteiligten kann das Konzept des Architekten als Generalplaner entgegengesetzt werden, dessen Aufgabe neben der klassischen Planung die Kommunikation der Inhalte des Gebäudes ist. Energieeffizienz, Ikonographie, Funktionalität könnten als die entsprechenden Kriterien dargestellt werden.

D STRATEGISCHE AUSRICHTUNG VON ARCHITEKTEN – GENERALIST ODER SPEZIALIST?

In der Vielfalt der neu entstehenden Berufsgruppen ist das traditionelle Berufsbild des Architekten weiterhin unerlässlich. Nicht jeder Architekt ist berufen, alle Leistungsphasen durchgehend zu bearbeiten – innerhalb eines Architekturbüros ist es ohnehin üblich bzw. unerlässlich, dass es Spezialisierungen gibt. Dem Architekten sollte die Gelegenheit offenstehen, das Maß der Spezialisierung frei zu bestimmen und es nicht aufgezwungen zu bekommen.

E WISSEN ALS WERTSCHÖPFUNGSOPTION – DER MEHRWERT DES ARCHITEKTEN?

Die kulturell, künstlerisch und konstruktiv kombinierte Ausbildung des Architekten verleiht ihm die Kompetenz, alltägliche Fragestellungen auf dem jeweils gewünschten Niveau zu klären und zu bearbeiten. Darin besteht der Mehrwertfaktor gegenüber einer rein technischen, oder rein künstlerischen Bearbeitung einer Aufgabe.

F QUO VADIS MÜNCHEN – WO LIEGT DAS POTENZIAL?

München ist in Bezug auf Wirtschaftskraft und Lebensqualität unter den beliebtesten Städten der Welt. Die Relation von Infrastruktur im

Verhältnis zur Größe der Stadt ist ebenso außergewöhnlich wie die kulturelle Dichte. München könnte jedoch in Bezug auf Kunst und Mode noch einen weitaus höheren Stellenwert erlangen, wenn die Unterstützung der vorhandenen Ressourcen wirtschaftlich mehr gefördert und unterstützt werden würde. Hier liegt das zukünftige Potenzial – weitere Anhebung der kulturellen Werte.

G DER TRAUM VOM RAUM – IHR LIEBLINGSPROJEKT?

Neubau oder Umnutzung eines archaisch großen Volumens zur Bearbeitung und Ausstellung künstlerischer Projekte.

H LEBENSLAUF

JOACHIM JÜRKE
1981–1988 Studium TU- München
04–10/1987 Architekturpraktikum Bürogemeinschaft Prof. Otto Steidle/ Prof. Uwe Kiessler: Hamburg, „Am Baumwall" Gruner+Jahr.
1988 Diplom der Technischen Universität München
1988–1990 Mitarbeit Projektgemeinschaft Prof. Martin Zoll, München/ Prof. Joachim Schürmann, Köln: Projekt Sparkasse Lüdenscheid,

1990–1991 Mitarbeit Prof. Uwe Kiessler, München: Projekt Wissenschaftspark Gelsenkirchen
1992–1999 Bürogemeinschaft mit Peter Fink Dipl. Ing. Architekt Diverse Wohn- und Industriebauten
1999 Gründung Büro Jürke Architekten BDA
05–08/1996 Lehrauftrag Fachhochschule München für Baukonstruktion
1997–2007 Lehre an der Akademie der Bildenden Künste Fachbereich Innenarchitektur
2004–2007 Professur für Baukonstruktion und experimentelles Konstruieren

BÜROADRESSE

Jürke Architekten BDA
Joachim Jürke
Preysingstraße 24
81667 München
T. 089/44 43 98 40
F. 089/44 43 98 41
info@juerkearchitekten.de
www.juerkearchitekten.de

ZUSAMMENFÜHREN

// LUDWIG KARL
   KARL + PROBST

> **A** MÜNCHEN, EIN ARCHITEKTURSTANDORT – WAS BEDEUTET PLANEN UND BAUEN IN MÜNCHEN?

Hinsichtlich Ihrer Fragestellung unterscheide ich grundsätzlich zwischen „Planen in München" und „Bauen in München". Im Zeitalter der Globalisierung ist auch die Architektur, bzw. der Architekt nicht mehr ausschließlich regional gebunden, bzw. verwurzelt. Planen und Bauen findet nicht mehr notwendigerweise am selben Ort statt. Durch verschiedene Entwicklungen, wie z. B. die Möglichkeiten, die das Europäische Vergaberecht einräumt, die moderne Datenkommunikation, aber auch die Verbesserungen der weltweiten Mobilität, findet das Bauen selbst zunehmend inter-regionaler und inter-nationaler statt.

Selbst unser, mit 10 Mitarbeitern doch relativ kleines Büro plant in München und baut in der gesamten Bundesrepublik, in Österreich, Italien und Liechtenstein. Nur ca. 20 % unseres Auftragsvolumens wird auch in München gebaut. Wir haben dabei oft die Erfahrung gemacht, dass der Architekt, der von weit her kommt, mehr Anerkennung erhält als der „Prophet" im eigenen Lande. Erst als wir bereits Projekte im Ausland realisiert hatten, wurden wir bei Bewerbungsverfahren in München zu Wettbewerben zugelassen.

B | **NEUES SELBSTBILDNIS DES ARCHITEKTEN – ARCHITEKTEN ALS ELITE UND ODER AKTIVE TEILNEHMER IN EINEM KOMPLEXEN MARKT?**

Ich denke, wir Architekten sollten uns durchaus als eine Elite betrachten, die als Formgeber und Koordinator unserer gebauten Umwelt eine der Schlüsselpositionen der Zukunftsentwicklung überhaupt besetzt. Neben der traditionellen Verantwortung des Architekten für Form, Ästhetik und Funktion unserer Bauten, sehe ich insbesondere im Zeitalter des Klimawandels einen Schwerpunkt unseres Selbstverständnisses in der kreativen Zusammenführung technischer und wissenschaftlicher Erkenntnisse mit den Notwendigkeiten und funktionalen Anforderungen unserer zukünftigen Lebens- und Arbeitswelt.

Natürlich sind wir auch als „kreative Elite" aktive Teilnehmer am Markt. Es bedarf hierfür jedoch keiner weltfremden Utopien, sondern zukunftsweisender Ideen, die sich erfolgreich und damit auch marktgerecht umsetzen lassen. Diese können unser Berufsbild und damit auch unseren Einfluss in der Gesellschaft nachhaltig verbessern.

C | **ORIENTIERUNG AN MARKTBEDÜRFNISSEN – DER ARCHITEKT ALS IMPULSGEBER, STRATEGISCH UND LOGISTISCH KLAR AUFGESTELLT, MIT KOMMUNIKATIONSKOMPETENZ UND ZIELFÜHRENDEN INNOVATIONSSTRATEGIEN?**

Natürlich müssen wir uns den sich kontinuierlich veränderten Anforderungen des Marktes anpassen. Dabei verstehe ich unter Anpassung

nicht das Adaptieren jeder kurzfristigen Modeerscheinung, sondern das Erkennen von langfristigen Entwicklungen und die Reaktion darauf.
Ein Beispiel: Die immer klammer werdenden Verhältnisse in den öffentlichen Kassen führen zu einer Reduktion des staatlichen und kommunalen Hochbaus.
Da unsere Gesellschaft jedoch nicht auf Neubau oder Modernisierung von Schulen, Krankenhäusern, Theatern, Hochschulen, Justizvollzugsanstalten etc. verzichten kann, wird von vielen Seiten die Zauberformel des Public Private Partnership herbeigerufen. Bei diesen Projekten geht es jedoch primär um die Wirtschaftlichkeit der Bauten und nur mehr marginal um deren Ästhetik.
Ich war vor ca. einem Jahr bei einem Symposium des Bayerischen Bauindustrieverbandes und der TU-München zu diesem Thema. PPP wurde hier von allen Rednern als Allheilmittel und Bauprojektform der Zukunft gepriesen. Als ein Beispiel für die Vorzüge von PPP wurde dabei u. a. angeführt, dass sich ein Investor, der ein Projekt baut und anschließend über viele Jahre betreibt, sich insbesondere über den Unterhalt und die Energieverbräuche des Gebäudes intensiv Gedanken macht. Ein Architekt tue dies in der Regel nicht, da ihm nur die Gestaltung und Form am Herzen läge. Die Nachhaltigkeit und auch die Wirtschaftlichkeit des Bauwerkes interessiere den Architekten nur wenig. Unsere Reaktion muss sein, einerseits durch unser engagiertes und

innovatives Tun solche Vorurteile abzubauen, bzw. umzukehren und andererseits die Entwicklung des Marktes hin zu PPP aktiv zu begleiten. Auch PPP Projekte brauchen Gestalter. Neben der selbstverständlichen Wirtschaftlichkeit muss gute Architektur hier zum wesentlichen Qualitäts- und Entscheidungsmaßstab werden.

D STRATEGISCHE AUSRICHTUNG VON ARCHITEKTEN – GENERALIST ODER SPEZIALIST?

Auch wenn es eine Ausrichtung gegen den allgemeinen Trend ist, bin ich der Meinung, dass es nach wie vor richtig ist, sich als Generalist zu positionieren. Im Zeitalter von immer spezialisierterem Spezialistentum braucht es Köpfe, die in der Lage sind, sowohl die Fäden zusammenzuhalten als auch die Richtung vorzugeben.

Die ausschließliche Konzentration auf einen einzigen Teilbereich des Architektenberufes, wie z. B. auf die Bauleitung oder die ausschließliche Planung von Altenheimen etc. mag in manchen Fällen zwar sinnvoll und geboten sein, jedoch wird dabei natürlich auch die bereits erworbene/vorhandene Kompetenz für viele andere, wichtige Bereiche aufgegeben. Eine Bandbreite jedoch, die aus der Auseinandersetzung, Erfahrung und Berührung mit unterschiedlichen Facetten unseres Architektenberufes herrührt, kann kontinuierlich für eine gegenseitige Befruchtung und Erneuerung dieser verschiedenen Bereiche sorgen.

So können z. B. Erfahrungen von einer Baustelle durchaus den Entwurfsprozess beleben oder eine kreative Wettbewerbsfassade in ein Einfamilienhausprojekt hineinwirken. Spezialisierung birgt neben den möglichen wirtschaftlichen Vorteilen auch die Gefahr durch Routine- oder Schubladenlösungen die innovative Kraft einschlafen zu lassen.

E   WISSEN ALS WERTSCHÖPFUNGSOPTION – DER MEHRWERT DES ARCHITEKTEN?

Wissen ist durch das enorme Potenzial des technischen Fortschritts und unzähliger Forschungsprojekte in großer, oft unüberschaubarer Fülle vorhanden. Grundsätzlich verfolge ich diese spannenden Entwicklungen in Bezug auf neue Möglichkeiten des Bauens mit großer Neugier. Wir Architekten dürfen uns den technischen Möglichkeiten nicht verschließen, sondern sollten unsere Schlüsselposition dafür verwenden, diese Innovationen mit Tradition, menschlichen Grundbedürfnissen und der Gestaltung der Lebensräume zu verbinden, aber auch überflüssiges filtern, so dass ein insgesamt zukunftsweisendes Ganzes daraus entsteht.

F QUO VADIS MÜNCHEN – WO LIEGT DAS POTENZIAL?

München braucht „Leuchtturmprojekte". Herausragende und kreative Architektur könnte meiner Ansicht nach auch in München eine Welle von konkurrierenden Ideen entstehen lassen. Leider fehlt es in München oft an der visionären Umsetzungskraft der Bauherren und Behörden. Ausnahmen wie zur Olympiade 1972 sind eher selten. Beispielhaft in negativem Sinne ist hierbei das Scheitern der Werkbundsiedlung von Sakamoto. Hier wurde meines Erachtens eine Chance vertan, die eine solche kreative Welle hätte auslösen können.

G DER TRAUM VOM RAUM – IHR LIEBLINGSPROJEKT?

Mein Lieblingsprojekt liegt noch vor mir, meist ist es das Gebäude, an dem wir gerade am intensivsten arbeiten.
Das bisher intensivste Glücksempfinden hatte ich vor einigen Jahren an einem mit meinen Kindern gemeinsam gebauten Iglu. Es war ein tolles Gefühl in diesem aus einem einzigen Material gemauerten Raum nach einem intensiven Tag des Bauens mit der gesamten Familie Abend zu essen. Leider werden die schneereichen Winter in München immer seltener und die Kinder älter, so dass sich dieses Gefühl wahrscheinlich nicht mehr oft reproduzieren lässt.

H LEBENSLAUF

LUDWIG KARL / DIPL. ING. (FH) ARCHITEKT BDA

1981–1986 Architekturstudium an der FH München
1986 Diplom an der FH München
1986–1990 angestellter Architekt bei Prof. Paolo Nestler, München
1990–1991 freier Mitarbeiter im Büro Prof. Paolo Nestler
1989 Mitglied der Bayerischen Architektenkammer
1991 Gründung des Büros Probst-Meyer-Karl
mit Johannes Probst und Anton Meyer
1995 Gründung des Büros Karl + Probst
mit Markus Probst mit Sitz in München
2003 Mitglied BDA Bayern

BÜROADRESSE

Büro Karl + Probst
Ludwig Karl, Dipl. Ing. (FH) Architekt BDA
Hippmannstraße 13
80639 München
T. 089 / 54 64 44 96
F. 089 / 54 64 44 98
ludwig.karl@karl-und-probst.de
www.karl-und-probst.de

BAUMEISTERN

// CHRISTOF LAMPADIUS, CLAUDIUS MASCHITA
   LMP2

A MÜNCHEN, EIN ARCHITEKTURSTANDORT – WAS BEDEUTET PLANEN UND BAUEN IN MÜNCHEN?

München ist ein spannender Architekturstandort, obwohl die Stadt nicht gerade nach radikalen Veränderungen schreit. Manch einer, der München nur wenig kennt, mag es als bieder und konservativ bezeichnen. Spätestens im zweiten Satz wird dieser Jemand sein Unverständnis über Höhenbeschränkung und den freien Blick auf die Frauenkirche und das Alpenpanorama äußern und womöglich ungehalten den Kopf schütteln. Wir hingegen sehen gerade diese Diskussion als Ausdruck, Selbstverständnis und Spannung in der Architekturdiskussion dieser Stadt. München ist eine moderne Stadt mit Tradition. Hier treffen konservative Kräfte auf innovative „Freidenker": Der Clash erzeugt eine unglaubliche Spannung. Genau diese Spannung ist Grundlage und notwendige Bedingung jeder präzisen Architektur.

Darüber hinaus verfügt die Stadt, die hier synonym für Bewohner, Firmen, Investoren und die Stadtverwaltung steht, über etwas ganz Pragmatisches: Genügend finanzielle Mittel. Es lohnt sich, in München zu investieren. So gesehen ein Schlaraffenland für Architekten! Für alle? Nein, nicht für alle, sondern nur für eine kleine Gruppe, die bereits lange im Geschäft ist. Ist das ungerecht? Generiert das Vielfalt? Tatsache ist, dass das Label eines etablierten Architekten häufig wichtiger ist als seine Gebäude. Das vermeintlich Innovative entpuppt sich dann lediglich als Kopie dessen, was bereits an anderen Orten existiert. In solchen, leider immer wieder auftretenden Fällen hat der kreative Austausch versagt, und ein Lager hat sich vom anderen täuschen lassen. Schade – aber es bleibt zu hoffen, dass es hin und wieder Architekten gelingt, dieses Spannungsverhältnis aufzubauen und Innovationen zu schaffen.

B NEUES SELBSTBILDNIS DES ARCHITEKTEN – ARCHITEKTEN ALS ELITE UND ODER AKTIVE TEILNEHMER IN EINEM KOMPLEXEN MARKT?

Wenn der Begriff „Elite" in diesem Zusammenhang für wertneutral, überdurchschnittlich qualifiziert und einflussreich steht, so scheint es auf den ersten Blick, als bewege sich die Gilde der Architekten weit weg von dem Status einer Elite.

Das Bauen wird immer komplexer, Experten anderer Fachrichtungen besetzen klassische Architektenfelder und der „allwissende Baumeister" tritt nur noch in Geschichtsbüchern und Romanen auf. Der heutige Architekt muss sich zwischen den Anforderungen an ökonomische Effizienz und an qualitativ anspruchsvollen Entwurf behaupten. Er soll aktiv an allen gesellschaftlichen Bereichen teilnehmen, um ein maximales Verständnis für dessen Bedürfnisse zu entwickeln. Elitäre Arroganz gehört zur Kunst und diese ins Museum. Aufgrund der Komplexität der Aufgaben ist es zwar erstrebenswert, sich ein möglichst breites Wissen anzueignen, das ist jedoch nur bis zu einem gewissen

Grad sinnvoll. Architekten, die im Team über eine perfekte Zusammensetzung aus verschiedenen Begabungen, Kompetenzen und Qualifikationen verfügen, können eine „allwissende Baumeisterschaft" darstellen.

C ORIENTIERUNG AN MARKTBEDÜRFNISSEN – DER ARCHITEKT ALS IMPULSGEBER, STRATEGISCH UND LOGISTISCH KLAR AUFGESTELLT, MIT KOMMUNIKATIONSKOMPETENZ UND ZIELFÜHRENDEN INNOVATIONSSTRATEGIEN?

Der Architekt muss den Markt als Nährboden für sein Schaffen betrachten. Alle Innovation und Machbarkeit ergeben sich aus dem Marktbedürfnissen. Der Markt ist nicht Diktat, sondern die Grundlage, etwas Neues zu schaffen. Ohne Hinterfragung entstehen weder Innovationen noch gute Architektur. Die kritische Haltung steht jedoch nicht im Widerspruch zu einer Orientierung an Marktbedürfnissen.
Im Gegenteil: Wir betrachten Marktbedürfnisse als Fundus unseres architektonischen Denkens. Die Beschäftigung mit diesem Potenzial bedeutet jedoch nicht Anbiederung, sondern Prozesse mittels kritischer Auseinandersetzung, technischer und sozialer Kompetenz zu lenken.

D STRATEGISCHE AUSRICHTUNG VON ARCHITEKTEN – GENERALIST ODER SPEZIALIST?

Selbst der spezialisierte Architekt ist ein Generalist. Er agiert im steten Wandel ökonomischer Situationen, ökologischer Anforderungen, neuer

Baugesetze, neuer Konstruktionsprinzipien. Jeder Architekt sollte seine Zuständigkeiten realistisch einschätzen und qualifizierte Beratung von außen in Anspruch nehmen. Für uns ist es ein Ziel, die erstrebenswerte, aber für den einzelnen Architekten unmögliche Position der „allwissenden Baumeisterschaft" als perfekt funktionierendes Kompetenz- und Planungsteam darzustellen. Dieses umfasst je nach persönlicher Fähigkeit beides, Spezialisten und Generalisten.

E WISSEN ALS WERTSCHÖPFUNGSOPTION – DER MEHRWERT DES ARCHITEKTEN?

Der Architekt ist der Index einer guten Enzyklopädie. Das Wissen des Architekten ist ein feines Geflecht: Fachliche Kenntnis, personelle Kontakte und berufliche Erfahrung. Wissen ist die Basis unseres Handelns und unserer Wertschöpfung. Nur durch Wissen ist Innovation und Umsetzungsfähigkeit möglich. Die Aufgabe eines jeden Architekten ist, sich stetig Wissen anzueignen, um im Innovationsprozess handeln zu können und um daraus wiederum einen Mehrwert zu schaffen.

F QUO VADIS MÜNCHEN – WO LIEGT DAS POTENZIAL?

München profitiert von einem wirtschaftlich hochstehenden Standort. Die geographische Nähe zu Österreich und der Schweiz bieten außerdem ein interessantes Potenzial an Wissens- und Technologietransfer im deutschsprachigen Ausland.

Nochmals: Das Potenzial der Stadt München liegt im Spannungsfeld unterschiedlicher Kräfte. Dieses kann mit gegensätzlichen Attributen wie konservativ-innovativ oder introvertiert-extrovertiert beschrieben werden. Das Spannungsfeld sorgt für den lebendigen Diskurs mit der Architektur der Stadt und ist somit Grundlage für die Entstehung hochwertiger Architektur. Wichtig ist, dass dieses Spannungsfeld auch weiterhin bestehen und fruchtbar bleibt. Dem sehen wir recht positiv entgegen.

G DER TRAUM VOM RAUM – IHR LIEBLINGSPROJEKT?

Skogskyrkogården, Stockholm

H LEBENSLAUF

CHRISTOF LAMPADIUS / DIPL. ING. ARCHITEKT
*1976 in München, 1996 Allgemeine Hochschulreife
2001 Stipendium EPFL Lausanne
2003 Diplom an der TU Stuttgart, Architektur und Stadtplanung

CLAUDIUS MASCHITA / DIPL.-ING. ARCHITEKT
*1977 in Kassel, 1997 Allgemeine Hochschulreife
2001 Stipendium Tongji Universität Shanghai, Architektur, Stadtplanung
2003 Universität Hohenheim, Wirtschaftswissenschaften (cand. Oek)
2004 Master an der University of London, Finance and Management
2005 Diplom an der TU Stuttgart, Architektur und Stadtplanung

2005 Gründung Planungsbüro lmp2
(Lampadius + Maschita, Projektentwicklung und Planung)
Seit 2007 Planergemeinschaft mit Todt Architekten, Zürich
Projekte (Auswahl):
2008 Jugendhotel, Barjols, Frankreich
2008 Reihen- und Doppelhausbau, Landsberg am Lech
2007 Sanierung, Ruine und Neubau, Portugal

BÜROADRESSE

lmp2 / Todt Architekten
Heßstraße 27, 80798 München
Technoparkstraße 1, CH-8005 Zürich
T. 089/38 90 21 37, F. 089/38 90 21 37
post@lmp2.org, www.lmp2.org

DENKEN

// MAXIMILIAN MAIER, ROBERT NEUBERGER, SEBASTIAN RICKERT
   MAIER NEUBERGER ARCHTEKTEN

> **A** MÜNCHEN, EIN ARCHITEKTURSTANDORT – WAS BEDEUTET PLANEN UND BAUEN IN MÜNCHEN?

Planen und Bauen in München war schon immer mehr von Evolution als von Revolution bestimmt. Dabei gehörte das Weiterentwickeln bereits erprobter Architekturen – bis hin zum Kopieren derselben (Ludwigstraße, Maximilianstraße, ...) – eher zum Münchner Selbstverständnis, als das radikale Neuerfinden. München hat das nicht geschadet, im Gegenteil. Bis heute erwächst daraus eine Gelassenheit, die Qualität fördert, sich aber aus formalen Grundsatzdebatten heraushält. Man kann das als provinziell und langweilig kritisieren. Wir sehen das nicht so. München lässt spektakuläre Architektur zu, erhebt das Spektakuläre aber nicht zum Credo.

Vom derzeit prosperierenden Immobilienmarkt in München profitieren die Architekten mit einer guten Auftragsdeckung. Ob auch die Architektur davon profitiert, steht auf einem anderen Blatt. Denn hier sinkt mit der hohen Nachfrage auch die Risiko- und Innovationsbereitschaft. Insbesondere im Bereich des Wohnungsbaus herrscht ein Klima des „Wer sich bewegt, verliert". Wegen der hohen Bodenpreise ist die Bereitschaft zur Realisierung von Wohnkonzepten, die vom mainstream der flächen- und zimmerzahloptimierten Standardkonzepte abweichen, fast völlig aus dem Markt verschwunden. Da wäre es aus unserer Sicht wünschenswert, dass die Stadt mit ihren Förderinstrumentarien und ihren eigenen Wohnungsbaugesellschaften eine noch stärkere Vorreiterrolle übernimmt, um zu beweisen, dass die Münchner Bevölkerung moderner denkt und lebt, als mancher Bauträger das vermutet.

B NEUES SELBSTBILDNIS DES ARCHITEKTEN – ARCHITEKTEN ALS ELITE UND ODER AKTIVE TEILNEHMER IN EINEM KOMPLEXEN MARKT?

Eliten sind notwendig, elitäres Gehabe nicht. Architekten tun sich mit der Trennung oft schwer. Architekten sollten den Mut haben, sich im Vertrauen auf ihre Stärken selbstbewusst dem Dialog mit anderen Eliten zu stellen. Mit der Fähigkeit zu fächerübergreifendem Denken und zur bildhaften Vermittlung von komplexen Zusammenhängen haben sie eine Kompetenz vorzuweisen, die über das eigene Fachgebiet hinaus immer wichtiger wird.

Das Selbstbildnis des Architekten schwankt seit jeher zwischen dem Dienstleister und dem sich baukulturellen Werten verpflichteten Ästheten. Und damit zwischen Unternehmer und Künstler. Vielleicht löst sich dieser vermeintliche Widerspruch heute etwas auf. Das wäre gut so. Wenn sich die Bauherrenseite unternehmerisch professionalisiert – wie dies in den letzten Jahren eindeutig zu beobachten ist – sollten dies die Architekten auch tun.

Architekten müssen nicht immer den Eindruck erwecken, dass sie unter ihrer Verantwortung für gute Architektur leiden. Architekt zu sein ist ein toller Beruf, und das darf man uns auch anmerken. Wenn Architekturbüros auch unternehmerisch denken, schadet das weder der Architektur, noch den Architekten.

C ORIENTIERUNG AN MARKTBEDÜRFNISSEN – DER ARCHITEKT ALS IMPULSGEBER, STRATEGISCH UND LOGISTISCH KLAR AUFGESTELLT, MIT KOMMUNIKATIONSKOMPETENZ UND ZIELFÜHRENDEN INNOVATIONSSTRATEGIEN?

Ja.

D STRATEGISCHE AUSRICHTUNG VON ARCHITEKTEN – GENERALIST ODER SPEZIALIST?

Spezialisten gibt es genug auf dieser Welt. Die Expertise des Architekten liegt in der Fähigkeit, all dieses Spezialwissen zu einem funktionierenden, verständlichen, realisierbaren und am besten auch noch schönen Ganzen zusammenzuführen. Darum klar das Bekenntnis zum Generalisten. Oder zum Spezialisten für das Große und Ganze. Wie es Ihnen lieber ist.

E WISSEN ALS WERTSCHÖPFUNGSOPTION – DER MEHRWERT DES ARCHITEKTEN?

Die Fähigkeit des Architekten ist es, die Interessen des Bauherren, die baurechtlichen Rahmenbedingungen und das Spezialwissen von Fachleuten zu einem realisierbaren und möglichst erfolgreichen Projekt zu verknüpfen. Je besser das gelingt, desto höher ist der wirtschaftliche Mehrwert, der sich aus guter Planung im Bauprozess ergibt.

Das ist aber nur der eine Aspekt von „Mehrwert des Architekten". Denn ein wirtschaftlich erfolgreiches muss noch lange kein gutes Projekt sein. Schon gar nicht für die Nutzer oder die Allgemeinheit.

Der zweite Aspekt von „Mehrwert des Architekten" geht daher über die funktionalen und wirtschaftlichen Themen hinaus und berührt eine gesellschaftliche Dimension. Architektur ist mehr als bloßes Bauen. Projekte funktionieren. Architektur sind Häuser mit Seele und Charakter. Architektur hat eine Relevanz, die über den Zeitgeist hinausgeht, ohne ihre Entstehungszeit zu leugnen. Aktuelle Floskeln wie zeitgenössisch, modern oder innovativ sind keine architektonischen Werte an sich. Architektur sollte sich einer längerfristigen Dimension verpflichtet fühlen und sich auch mit Themen von Würde und Angemessenheit beschäftigen. Hier liegt eine Verantwortung für Architekten und Bauherren gleichermaßen. Wir als Architekten müssen uns stärker damit beschäftigen, eine Sprache zu finden, um diesen wichtigen Aspekt unseres „Mehrwertes" Bauherren und Öffentlichkeit zu vermitteln. Nicht zuletzt auch deshalb, weil uns das unser Status als freier Beruf zur Aufgabe macht.

F QUO VADIS MÜNCHEN – WO LIEGT DAS POTENZIAL?

Zurück in die Zukunft!

G DER TRAUM VOM RAUM – IHR LIEBLINGSPROJEKT?

Die Theresienwiese in München. Zum einen, weil wir aus unseren Bürofenstern täglich auf sie schauen dürfen. Zum anderen, weil wir keine zweite Stadt kennen, die sich mitten in ihrem Kern den Luxus eines solchen Frei-Raumes leistet. Im Kontrast zur manchmal anstrengend zur Schau getragenen Münchner Saturiertheit wirkt das fast wie eine Ironie. Das kann einen immer wieder mit München versöhnen.

H LEBENSLAUF

MAXIMILIAN MAIER
*1964, Diplom, TU München 1992
1992–1997 Mitarbeit im Büro Schroeder und Meissler
1992–2003 Büropartnerschaft mit Robert Neuberger

ROBERT NEUBERGER
*1965, Diplom, TU München 1992

1992–2000 wissenschaftlicher Assistent, Lehrstuhl für Städtebau und Regionalplanung, TU München
1992–2003 Büropartnerschaft mit Maximilian Maier
2003–2004 Lehrauftrag an der FH München

SEBASTIAN RICKERT
*1972, Diplom TU München 1999
seit 1999 Büro Maier + Neuberger

seit 2003 Maier Neuberger Architekten

BÜROADRESSE

Maier Neuberger Architekten
Bavariaring 14
80336 München
T. 089/51 55 50-60
F. 089/51 55 50-70
contact@mn-p.eu
www.mn-partner.eu
www.mn-projekte.eu

STELLUNG BEZIEHEN

// CHRISTINE NICKL-WELLER, HANS NICKL
   NICKL & PARTNER ARCHITEKTEN AG

> **A** MÜNCHEN, EIN ARCHITEKTURSTANDORT – WAS BEDEUTET PLANEN UND BAUEN IN MÜNCHEN?

Die Architekturbetrachtung Münchens möchten wir in zwei Phasen unterteilen – einmal in den Wiederaufbau nach dem Zweiten Weltkrieg und zum anderen in die neuere Entwicklung.

Der Wiederaufbau war im Gegensatz zu anderen fast zerstörten Großstädten geprägt von der Bewahrung des historischen Gefüges. Das hat ein dynamisch geschlossenes Ganzes ergeben, das bis zum heutigen Tag Gültigkeit hat. Der ortsspezifische und kulturelle Kontext, eingebunden und geprägt von Tradition, führte zur Identität der Stadt.

Die Stadtentwicklungen der letzten zwei Jahrzehnte und deren architektonische Qualität ist eine sehr bescheidene, ja, eine rein funktionale Architektur (von ganz wenigen Ausnahmen abgesehen) – international ist sie Mittelmaß. Die großen Chancen, wie zum Beispiel die neuen Stadtteile Theresienhöhe, Riem, Leopoldstraße, Agfagelände wurden kläglich vertan: Das bisherige Ergebnis ist nicht beeindruckend.

Für uns bedeutet Planen und Bauen für München (wir planen in München) nichts. Die Ursache ist leicht zu erklären: Wir, obwohl wir international und national ständig gefragt werden und über eines der leistungsfähigsten Büros verfügen – werden nie zu den Wettbewerben oder Planungsgutachten geladen. Zwei weitere Beispiele sollen diese Entwicklungen zeigen: Erstaunlicher Weise werden international hervorragende

Wettbewerbsleistungen, jeweils mit ersten Preisen gekürt, beispielsweise die Bebauung des Areal Feilitschstraße oder die neue Werkbundsiedlung, abgelehnt. Kollegen entwickeln eifrigst Gegenentwürfe, die nur nach dem Gesichtspunkt – bauträgerfreundlich – ausgerichtet sind. Für uns ein schmerzlicher Vorgang.

B	**NEUES SELBSTBILDNIS DES ARCHITEKTEN – ARCHITEKTEN ALS ELITE UND ODER AKTIVE TEILNEHMER IN EINEM KOMPLEXEN MARKT?**

Das Selbstbildnis des Architekten erscheint uns trübe, ohne jegliche klare Kontur. Die Frage nach der Rolle des Architekten in unserer Gesellschaft ist hierbei zu hinterfragen und seine eigene Rolle ist zu finden. Unsere Zeit entwickelt sich immer mehr dahin, dass sich alles, was uns interessiert, um Nutzwert, Geschwindigkeit und Bequemlichkeit dreht. Wir glauben, das beraubt uns einiger Qualitäten – Architektur ist dabei nicht ausgenommen.

Die Dinge, von denen wir träumen, müssen nicht unbedingt von makelloser Schönheit sein. Es genügt, wenn sie interessant sind, einnehmend, fesselnd, oder wenn sie eine Verbesserung für ihre Umgebung bedeuten.

C ORIENTIERUNG AN MARKTBEDÜRFNISSEN – DER ARCHITEKT ALS IMPULSGEBER, STRATEGISCH UND LOGISTISCH KLAR AUFGESTELLT, MIT KOMMUNIKATIONSKOMPETENZ UND ZIELFÜHRENDEN INNOVATIONSSTRATEGIEN?

Wir haben zu berücksichtigen, dass wir nicht nur in einer Marktwirtschaft, sondern allgemein gesagt in einer Marktgesellschaft leben; das heißt in einem Kulturraum, in dem sämtliche zwischenmenschlichen Beziehungen und auch sämtliche Beziehungen des Menschen zu seiner Umgebung über ein Zahlenkalkül vermittelt werden, bei dem die Attraktivität, die Neuheit und das Preis-Leistungs-Verhältnis zum Tragen kommt. Bei dieser Logik geht es darum, seinen eigenen Weg zu finden und zu gestalten. Wir, als Nickl & Partner, haben oft die Möglichkeit, durch unseren Entwurfsprozess (Schöpfungsprozess) als Impulsgeber zu fungieren. Wichtig ist es uns, unsere Kompetenz klar zu definieren und bei unseren Arbeiten für Transparenz zu sorgen. Wir sind uns sicher, dass wir nur durch Qualität überzeugen können.

D STRATEGISCHE AUSRICHTUNG VON ARCHITEKTEN – GENERALIST ODER SPEZIALIST?

Unsere Philosophie ist eindeutig – das zu tun, wo wir absolute Kompetenz besitzen. Dass sich hieraus im Laufe der Zeit Schwerpunkte in unserer Arbeit entwickeln, ist logisch und weiterführend. Damit werden wir weltweit begehrlich und haben damit unsere Marktposition gefunden.

E WISSEN ALS WERTSCHÖPFUNGSOPTION – DER MEHRWERT DES ARCHITEKTEN?

Das wo, also der Ort, und das wer, der Besteller, sind uns ebenso wichtig wie der Nutzer, der in einem Gebäude steckt. Dass das CI des Gebäudes von innen nach außen wächst, ist von Bedeutung. Die Art, wie wir bauen ist modular, d. h. nachhaltig. Insofern zieht sich hier ein roter Faden durch unser Gebäude. Unterschiedlich sind die Gebäude dahingehend, dass sich das Einfügen in die Umgebung und das Betrachten von außen immer anders verhält und damit anders wirkt. Architektur hat für uns eine dienende Funktion für den Menschen, dies sowohl in Bezug auf das Innere wie das Äußere. Demzufolge muss sich ein Gebäude einfühlen und ebenjene dienende Funktion haben. Dasselbe Haus kann nicht hier und in New York gebaut werden.

Unser Credo ist: Wir bauen an einem spezifischen Ort, wir haben hier eine Heimat und hier muss nun einmal anders gebaut werden als in New York. Dort herrschen ganz andere Gesetzmäßigkeiten. Nur wer das verstanden hat, kann vernünftige Architektur machen.

F QUO VADIS MÜNCHEN – WO LIEGT DAS POTENZIAL?

– ist aus unserer Sicht schwer zu beschreiben. Wenn wir uns an die unglücksselige Hochhausdiskussion erinnern, so sehen wir kaum einen

Lichtstreifen am Horizont als Innovationsträger moderner Architektur. Wäre die Diskussion von dem Formalen, von der Notwendigkeit, ob wir in München Hochhäuser benötigen, zur Diskussion um die Qualität von Hochhäusern übergegangen, so wäre München von den unsäglichen hässlichen Gebäuden verschont geblieben. Die Antwort ist nun eindeutig: Die Stadt benötigt keine Hochhäuser.

G DER TRAUM VOM RAUM – IHR LIEBLINGSPROJEKT?

Mark Twain schrieb „Träume muss man erfüllen oder man bleibt ein Leben lang ein einsamer Träumer". Wir haben uns unseren Traum erfüllt – wir bauten unser eigenes Atelier. Bescheiden in einem wenig anspruchsvollen Gewerbegebiet. Wir konnten uns leisten, eine eigene Botschaft herauszugeben, eine besondere Stimmung heraufzubeschwören – wir haben Stellung zum Thema Architektur genommen.

H LEBENSLAUF

PROF. CHRISTINE NICKL-WELLER
Studium an der TU München
Zweite Staatsprüfung, Arbeitsschwerpunkt „Experimenteller Wohnungs- und Städtebau"

ab 1988 Architektengemeinschaft Nickl & Partner
ab 1993 Geschäftsführerin
2004 Berufung an die TU Berlin, Fachgebiet „Entwerfen von Krankenhäusern und Bauten des Gesundheitswesens"

PROF. HANS NICKL
Studium an der TU München
ab 1979 eigenes Büro in München,
ab 1988 Architektengemeinschaft Nickl & Partner
Lehrauftrag „Entwerfen von Bauten des Gesundheitswesens",
TU München
1992 – 2003 Professor an der FH Erfurt,
Lehrgebiet „Konstruktives Entwerfen"
ab 2004 Gastprofessor an der TU Berlin

BÜROADRESSE

Nickl & Partner Architekten AG
Lindberghstraße 19, 80939 München
T. 089/36 05 14-0, F. 089/36 05 14-99
mail@nickl-architekten.de
www.nickl-architekten.de

VERBINDEN

// AXEL KRÜGER
   FRICK KRÜGER NUSSER PLAN2 GMBH

> **A** MÜNCHEN, EIN ARCHITEKTURSTANDORT – WAS BEDEUTET PLANEN UND BAUEN IN MÜNCHEN?

Wer ist noch nicht durch Schwabing gegangen und hat die vielen Schilder, meist in mattem V2A gehalten, betrachtet, die auf die Präsenz überproportional vieler (und qualitativ meistens hochwertiger) Architekturbüros hinweisen.

Demgegenüber steht eine ebenfalls hohe Anzahl potenter Firmen – die meisten DAX-Werte residieren in München –, Investoren und eine nicht übermäßig verschuldete Landeshauptstadt, die insgesamt die Münchner Architektenschaft leben lassen.

Dennoch ist es Fakt, dass viele einheimische Büros ihre Meriten in anderen Landstrichen verdienen, da zu großen Wettbewerbsverfahren vorwiegend ausländische Stars oder oft die immer gleichen etablierten Einheimischen eingeladen werden. So kann es mitunter Jahre dauern, bis ein junges Münchner Büro in seiner Heimat signifikant tätig werden kann. Eine nicht besonders ausgeprägte Risikobereitschaft ist bekanntermaßen symptomatisch für München und seine Bewohner, und dies gilt auch beim Bauen und Planen.

B NEUES SELBSTBILDNIS DES ARCHITEKTEN – ARCHITEKTEN ALS ELITE UND ODER AKTIVE TEILNEHMER IN EINEM KOMPLEXEN MARKT?

Die Fähigkeit zur Bewältigung von Aufgabenstellungen unter differenziertesten räumlichen und funktionalen Zusammenhängen stellt den Architekten sicher auf eine Stufe mit anderen herausragenden Initiativgebern aus Kunst oder Wissenschaft. Von Elite zu sprechen, verbietet sich aus meiner Sicht jedoch schon deswegen, weil im Selbstverständnis eines sehr guten Architekten neben der Kreativität immer auch der Dienstleistungsgedanke im besten Sinne verankert sein sollte, eine Komponente, die z. B. bei einem Künstler nicht abgefragt wird. Da die Anforderungen an ein erfolgreiches Projektmanagement für den Architekten immer vielschichtiger werden, sei es z. B. im kaufmännischen, technischen, energetischen oder rechtlichen Bereich, ist eine aktive Teilnahme des Architekten in der globalisierten Gesellschaft unabdingbar.

C ORIENTIERUNG AN MARKTBEDÜRFNISSEN – DER ARCHITEKT ALS IMPULSGEBER, STRATEGISCH UND LOGISTISCH KLAR AUFGESTELLT, MIT KOMMUNIKATIONSKOMPETENZ UND ZIELFÜHRENDEN INNOVATIONSSTRATEGIEN?

Der Architekt steht immer am Puls der Zeit, muss jedoch sein Tun auch in das Verhältnis mit bewährten und menschlichen Mustern setzen, da sein Werk, anders als z. B. beim Produktdesign, für einen generationsübergreifenden Zeitraum geschaffen wird. Wenn für den Auftraggeber ein Mehrwert dahingehend erzielt wird, dass die Architektur in die Vorgänge der Nutzenden positiv eingreift, ggf. auch durch gänzlich neue Denkansätze, die der Architekt als unbeteiligt in die jeweilige Sparte Hineinblickender findet, so ist die Innovationsstrategie aufgegangen und ein ideales Projekt gelungen.

D STRATEGISCHE AUSRICHTUNG VON ARCHITEKTEN – GENERALIST ODER SPEZIALIST?

Gibt es einen Beruf, bei dem noch eine größere Vielfalt an Kompetenzen erforderlich ist, als bei dem des Architekten? Auf Anhieb fällt der Astronaut ein, der im Weltall gleichsam als Abenteurer der Ausübung seiner wissenschaftlichen Forschungen nachgeht.

Aber gehen wir zurück auf unsere Erde, auf der in allen Zeiten und Ländern die Architekten die gebaute Umwelt gestalten, somit die Wahrnehmung der meisten Menschen für einen Großteil ihrer Lebenszeit bestimmen. Für die Bewältigung dieser herausragenden Aufgabe muss der Baukünstler über räumliche und gestaltbildende Fähigkeiten verfügen, die nicht nur im großen Ganzen einer Bauaufgabe zur Wirkung kommen, sondern auch in die Detaillierung im kleinen Maßstab unter Einsatz der passenden Materialität. Zur Auftragsbeschaffung und Durchsetzung seiner und der Interessen des Bauherren ist es von großem Vorteil, eloquent und kommunikativ zu sein, in der Selbstdarstellung muss er über ein gesteigertes Selbstbewusstsein verfügen. Da es immer auch um viel Geld des Auftraggebers geht, muss er auch zwingend über einen ausgeprägten kaufmännischen Sinn verfügen. Das Planen wiederum könnte auch als das Umschiffen von Problemen, welche durch genehmigende Baubehörden, real existierende EU-Normen und nachtragssüchtige Baufirmen produziert werden, verstanden werden. Ein gutes Rechtsverständnis ist also ebenfalls von Nöten. Die technische Planung von Bauteilen erfordert ein komplexes Verständnis von konstruktiven und bauphysikalischen Zusammenhängen, sowie ein ständiges Verfolgen des Standes der Technik, da laufend neue Materialien und Standards durch die innovative Bauindustrie erfunden werden. Nicht zuletzt wird der Erfolg eines Projektes über das reibungslose Ineinandergreifen der zahlreichen Beteiligten, Fachplaner und Firmen, und dies bei Projekten jeder Größenordnung, bestimmt. Hierzu muss der Architekt über ein herausragendes Talent zur Organisation und Kommunikation verfügen.

E WISSEN ALS WERTSCHÖPFUNGSOPTION – DER MEHRWERT DES ARCHITEKTEN?

Leider ist die Tätigkeit des freiberuflichen Architekten oft noch der landläufigen Meinung unterworfen, dass sie in großen Teilen verzichtbar sei. Während die Diagnose eines Zahnarztes normalerweise nicht

angezweifelt wird, werden Vorgaben des Architekten, insbesondere
wenn es um gestalterische und strukturelle Belange geht, immer einer
kritisch subjektiven Sichtweise des Auftraggebers und anderer an dem
Vorhaben Beteiligter unterworfen. Dieser Sichtweise schließen sich
leider auch immer mehr öffentliche Behörden an, die durch ihre Bau-
ämter, auf neudeutsch „Management", eigenständig und ohne öffentliche Vergabe- oder gar Wettbewerbsverfahren Entwurfsplanungen vor-
nehmen, und damit auf das spezifische Know-how von entsprechend
qualifizierten freien Büros für das Projekt verzichten.

F   QUO VADIS MÜNCHEN – WO LIEGT DAS POTENZIAL?

In einem wirtschaftlich gesunden Umfeld lässt sich per se qualitativ
hochwertig planen und bauen. Darüber hinaus ist jedoch auch eine im
öffentlichen Bewusstsein verankerte Haltung erforderlich, die innovativen und ungewöhnlichen Herangehensweisen aufgeschlossen gegen-
übersteht, um mit einer im globalen Wettbewerb mit anderen Städten
vergleichbar hochwertigen Baukultur aufwarten zu können. Während
das bei großen Projekten (BMW-Eventcenter, Allianz Arena) meistens
gut gelingt, wird dieser Anspruch bei Projekten mittlerer oder kleinerer
Größenordnung z. B. im Bereich des Wohnungsbaus nicht immer erfüllt.

G DER TRAUM VOM RAUM – IHR LIEBLINGSPROJEKT?

Aus unserem Hause das Verwaltungsgebäude „Laimer Würfel", als funktionierender Orientierungspunkt für den Münchner Westen. Ansonsten die beeindruckende „Tate modern" in London, historisch das Pantheon in Rom.

H LEBENSLAUF

AXEL KRÜGER / DIPL.-ING. (FH) ARCHITEKT
*1965 in Stuttgart
1984 Abitur Oskar-von-Miller Gymnasium München
1986–1991 Studium der Architektur FH München
1991–1996 Mitarbeit Prof. Krug und Partner München
seit 1996 Frick Krüger Nusser Plan 2 München

I BÜROADRESSE

Frick Krüger Nusser Plan 2 GmbH, Architekten / Generalplaner
Tegernseer Landstraße 38, 81541 München
T. 089/649625-0, F. 089/649625-50
a.krueger@plan2.de, www.plan2.de

WOLLEN

// ROBERT MEYER
ROBERT MEYER ARCHITEKTEN

A MÜNCHEN, EIN ARCHITEKTURSTANDORT – WAS BEDEUTET PLANEN UND BAUEN IN MÜNCHEN?

Wie in jeder gewachsenen und wachsenden Stadt ist auch hier Geschichte allgegenwärtig. Die Seele von München ist der Klenzesche Klassizismus.
München war aber auch die „Hauptstadt der Bewegung". Große Kollegen wie Klenze, Gärtner, Döllgast, Ruf, Behnisch, Steidle und heute Herzog & DeMeuron sind Vorbilder und Motivation, an der immer wachsenden Stadt mitzubauen.

B NEUES SELBSTBILDNIS DES ARCHITEKTEN – ARCHITEKTEN ALS ELITE UND ODER AKTIVE TEILNEHMER IN EINEM KOMPLEXEN MARKT?

Architekten als Elite trifft – wenn überhaupt – nur auf wenige (internationale) Stararchitekten zu. Eine möglichst aktive Teilnahme am Markt ist auch für alle übrigen bereits Teil der Überlebensstrategie.
In der öffentlichen Meinung ist heute in den Hintergrund getreten, dass gute Architektur und guter Städtebau sich zu jeder Zeit positiv auf das persönliche Wohlbefinden auswirken und deshalb das grundlegende Fundament einer lebenswerten Umwelt und städtischen Identität sind. Das „Wollen" guter Architektur und das Wissen um die Verantwortung der Architekten ist in anderen Ländern wie beispielsweise Österreich, der Niederlande oder der Schweiz deutlich stärker wahrzunehmen. Ein

neues Selbstbewusstsein der Architekten sollte diese tatsächlich große Verantwortung öffentlicher zum Thema machen.

> **C** ORIENTIERUNG AN MARKTBEDÜRFNISSEN – DER ARCHITEKT ALS IMPULS-GEBER, STRATEGISCH UND LOGISTISCH KLAR AUFGESTELLT, MIT KOMMUNIKATIONSKOMPETENZ UND ZIELFÜHRENDEN INNOVATIONSSTRATEGIEN?

Die erfolgreiche Führung eines Büros kann selbstverständlich damit zu tun haben, dass neue Strömungen und Tendenzen wahrgenommen, Marktlücken und Trends gesehen oder sogar gesetzt werden. Klare Strukturen, eindeutige und auch bewusste Ziele und Vorgehensweisen erleichtern selbstverständlich die Umsetzung der Ideen.

> **D** STRATEGISCHE AUSRICHTUNG VON ARCHITEKTEN – GENERALIST ODER SPEZIALIST?

Ein Haus ist ein Haus. Ein kleines Doppelhaus, ein zu sanierender Altbau, ein großes Verwaltungsgebäude sind zuvorderst ebenfalls schlicht und einfach Häuser. Selbstverständlich sind die Größenordnungen unterschiedlich, die Anforderungen sind jedoch immer wieder die gleichen: Abklären der Randbedingungen (Wünsche und Ziele des Bauherrn, Baurecht, Qualitäten, Kosten, Termine ...), Herausarbeiten der technischen und gestalterischen Möglichkeiten, Schaffung von Teams und Strukturen zur Umsetzung.

Jemand hat einmal den Begriff des Architekten als „letzten Renaissancemenschen" geprägt. Der Architekt muss (oder soll) die immer größer werdende Anzahl der verschiedenen Disziplinen beherrschen und in seiner Arbeit zusammenführen.

E WISSEN ALS WERTSCHÖPFUNGSOPTION – DER MEHRWERT DES ARCHITEKTEN?

Der „Mehrwert" des Architekten, wenn man es so nennen möchte, liegt ausschließlich in seiner Person, seiner Ausstrahlung, seiner Vorstellungskraft und Risikobereitschaft. Und darin, die mitwirkenden und entscheidenden Personen mit Entschlossenheit und Überzeugungsfähigkeit an seine Vision zu binden und bis zum Abschluss des Projekts oder besser sogar darüber hinaus zu motivieren.

F QUO VADIS MÜNCHEN – WO LIEGT DAS POTENZIAL?

München wird aller Voraussicht nach eine Stadt mit großer Anziehungskraft für Menschen und Unternehmen bleiben. Da sowohl mehr Menschen beziehungsweise deren wachsende Ansprüche als auch mehr Unternehmen eine größere Anzahl von Gebäuden benötigen, wird München auch in baulicher Hinsicht wachsen. Es bleibt zu wünschen, dass in Zukunft weniger über die Höhe der Gebäude als vielmehr über die stadträumliche und gestalterische Qualität entstehender Gebäude und Stadtquartiere diskutiert wird.

G DER TRAUM VOM RAUM – IHR LIEBLINGSPROJEKT?

Mein Lieblingsprojekt in München sind die (ehemaligen) Studentenwohnungen im Olympischen Dorf von Werner Wirsing. Ein herausragendes und gelungenes Beispiel für eine einfache Struktur, welche aus durchdachten modularen Einzelelementen einen städtebaulichen Zusammenhang mit fast dörflichem Charakter und großer sozialer Komponente schafft.

H LEBENSLAUF

ROBERT MEYER
*1964 in Freising
1984–1989 Studium der Architektur an der
Fachhochschule Augsburg, Diplom
1990–1992 Aufbaustudium Architektur an der
Akademie der Bildenden Künste München,
Klasse Prof. Erich Schneider-Wesseling, Prof. Otto Steidle
1992 Gründung des eigenen Architekturbüros in München
1992–1994 Projektpartner bei Prof. Otto Steidle, München
1994 Mitarbeit bei Massimiliano Fuksas, Rom
1995 Rückkehr nach München,
Weiterführung des eigenen Architekturbüros

| **BÜROADRESSE** |

Robert Meyer Architekten
Seitzstraße 8
80538 München
T. 089/21 57 85 21
F. 089/21 57 85 18
RM@RMArchitekten.de
www.RMArchitekten.de

LÖSEN

// ANDREAS SCHINDHELM
   SCHINDHELM ARCHITEKTEN

A MÜNCHEN, EIN ARCHITEKTURSTANDORT – WAS BEDEUTET PLANEN UND BAUEN IN MÜNCHEN?

„Wie werden wir in Zukunft leben?" Diese Frage steht zu Beginn einer wissenschaftlichen Untersuchung, die durch das Wirtschaftsforschungsinstitut Infratest TNS München durchgeführt wurde. In dieser Studie Horizons 2020 aus dem Jahre 2004 werden zwei mögliche Zukunftsszenarien entwickelt. Beide Ansätze unterscheiden sich in ihrer Bewertung von Schlüsselrollen in der Gesellschaft, die durch Staat und Politik auf der einen Seite oder durch den Markt und globale Kräfte auf der anderen Seite bestimmt wird. In diesem Spannungsfeld entwickelt sich auch die Kultur des Wohnens als zentraler Inhalt. Die Situation des Planens und Bauens in München kann also vor diesem Hintergrund betrachtet werden. Ebenso ist es reizvoll, das Verhältnis von aktueller Situation und prognostizierten Entwicklungen zu beleuchten. Die Intensität des genutzten Raumes in den Bereichen Wohnen und Arbeiten hat stark zugenommen und ist oftmals miteinander verknüpft. Es entstehen neue, differenzierte Wohn- und Arbeitstypologien. Die Anforderungen an die Fähigkeit des öffentlichen Raumes als Identifikationsraum für heterogene gesellschaftliche Gruppen zu dienen nehmen zu. Die Herausforderung an die Architektur besteht also darin, diesen Tendenzen und Entwicklungen eine räumliche Entsprechung zu ermöglichen. Am Standort München bedeutet das die Stärkung des urbanen

Profils. Die Bausteine der klassischen europäischen Stadttypologie werden, den neuen Programmen entsprechend, weiter entwickelt. Eine besondere Aufgabe im Planen und Bauen in München findet sich im Thema der Verdichtung städtischen Raumes. Knappe räumliche Ressourcen erfordern besondere Lösungen für neue Wohnsituationen und innovative Arbeitswelten. Diese Entwicklungen dürfen aber eben nicht losgelöst, sozusagen selbstreflexiv stattfinden. Sie müssen in einen Kontext aus architektonischer Erfahrung eingebettet sein. Nur so entsteht das lebendige und urbane Gewebe des Stadtorganismus.

B NEUES SELBSTBILDNIS DES ARCHITEKTEN – ARCHITEKTEN ALS ELITE UND ODER AKTIVE TEILNEHMER IN EINEM KOMPLEXEN MARKT?

Das Medienbild vom Künstlerarchitekten beschreibt nur unzureichend einen kleinen Bereich aus den Anforderungen an den Architekturberuf. Eine Vielzahl von Architekturbüros sind in Netzwerkstrukturen organisiert um den Anforderungen aus dem zunehmenden Anteil technischen Wissens entsprechen zu können. Es wird eine große Anzahl von Informationen in einen komplexen Planungsvorgang integriert. Voraussetzungen hierfür lassen sich in optimierten Teamstrukturen finden.

C ORIENTIERUNG AN MARKTBEDÜRFNISSEN – DER ARCHITEKT ALS IMPULS-GEBER, STRATEGISCH UND LOGISTISCH KLAR AUFGESTELLT, MIT KOMMUNIKATIONSKOMPETENZ UND ZIELFÜHRENDEN INNOVATIONSSTRATEGIEN?

Gute Architektur entsteht im Zusammenspiel vieler Parameter. Eine besondere Aufgabe besteht in der differenzierten Analyse des Programms, bzw. dem Anforderungsprofil zukünftiger Nutzer. Von zentraler Bedeutung für ein erfolgreiches Projekt ist eine reibungslose Kommunikation. Diese beschränkt sich nicht nur auf die Abstimmungen mit zukünftigen Nutzern, sondern bezieht auch die Projektpartner mit ein. Durch eine Vielzahl wachsender Anforderungen an Planung und Ausführung, nicht zuletzt in wichtigen Bereichen wie Energie- oder Ressourcenmanagement wird diesem Bereich in der Büropraxis ein immer stärkeres Gewicht zukommen. In wachsendem Maße wird der Erfolg eines Architekturbüros von den Fähigkeiten auf den Gebieten einer transparenten und auf den jeweiligen Partner abgestimmten Projektorganisation abhängig sein. Eine wichtige Besonderheit gegenüber anderen Marktteilnehmern ist dabei der ganzheitliche Ansatz als spezifisch architektonischer Faktor.

D STRATEGISCHE AUSRICHTUNG VON ARCHITEKTEN – GENERALIST ODER SPEZIALIST?

Hinter der Fragestellung nach der Kompetenz des Architekten als Generalist oder Spezialist verbirgt sich ein überholtes Verständnis von der

Aufgabe des Architekten. In ihr ist das Spannungsfeld des Architektenbildes zwischen Künstlertum und Ingenieurwissenschaften dargestellt. Es war immer schon die besondere Aufgabe des Architekten, in seiner Eigenschaft als Generalist alle wesentlichen Themen eines Projektes zu einem logisch organisierten Werk zusammenzuführen.
Die immer weiterführende Aufteilung der Architekturaufgabe in komplexe Strukturen und Systeme ist für eine effektive Organisation aller in diesem Prozess Beteiligter durch den Architekten Voraussetzung.

E WISSEN ALS WERTSCHÖPFUNGSOPTION – DER MEHRWERT DES ARCHITEKTEN?

Zunächst ist eine klare Abgrenzung des Architekturbegriffes nötig. Das Ziel ist eine ganzheitliche Konzeption und Gestaltung der Aufgabenstellung. Eine besondere Aufgabe kommt in diesem Zusammenhang den Hochschulen zu. Sie können durch einen intensiv geführten wissenschaftlichen Diskurs, der eben nicht nur in den Grenzen der Alma Mater geführt wird, sondern im öffentlichen Bewusstsein verankert ist, wertvolle Impulse setzen. Der Begriff Wissen wird hier bewusst im Zusammenhang mit der Fähigkeit nach wertfreiem Hinterfragen von Grundlagen gesetzt. Letztendlich ist es diese Fähigkeit des Architekten, die Bedingungen einer Aufgabenstellung zu „hinterfragen", die den eigentlichen „Mehrwert" generiert.

F QUO VADIS MÜNCHEN – WO LIEGT DAS POTENZIAL?

„München kann als Laboratorium von Stadtvorstellungen gelten, die sich in Gebrauch und Zeit einer Bewährungsprobe ausgesetzt haben." (Prof. Ueli Zbinden)
München sollte als dieses „Raumlabor" für die Architektur der Stadt betrachtet werden. Die Geschichte und das Gewebe dieser einzelnen Schichten bilden das Material ihrer Entwicklung. Im Zusammenspiel von Modellvorstellungen und Programmen entsteht ein lebendiger urbaner Raum. Ein wichtiger Baustein um dieses Potenzial der Stadtentwicklung zu nutzen ist eine verstärkte öffentliche Diskussion. Städtebauliche Anliegen benötigen die Wahrnehmung als Element der Kultur jenseits einer von Spezialisten und Interessengruppen geführten Diskussion. Der Genius loci eines lebendigen urbanen Kosmos entsteht in diesem konzentrierten Zusammenspiel auf der Suche nach architektonischer und stadträumlicher Qualität.

G DER TRAUM VOM RAUM – IHR LIEBLINGSPROJEKT?

„Wir sehnen uns nach einer Architektur, die Lärm, Effizienz und Moden zurückweist, einer Architektur, die nicht nach dem Dramatischen strebt, sondern eher das Lyrische in den realen Dingen des täglichen

Lebens hervorbringen will … Wir brauchen eine Architektur der Askese, der Konzentration und der Kontemplation, eine Architektur der Stille."
(Juhani Pallasmaa)

H LEBENSLAUF

ANDREAS SCHINDHELM
*1964 in München
1984–1987 Arbeit als Kirchenmaler und Restaurator, Nürnberg
1987–1993 Architekturstudium TU München
1993–1998 Mitarbeit im Büro Eicher Hitzig Schindhelm Architekten
1998–2001 Mitarbeit im Büro Hilmer Sattler Albrecht Architekten
2001–2007 Wissenschaftlicher Assistent, Lehrstuhl. Prof. Zbinden, TU München
seit 2001 Selbständiger Architekt

I BÜROADRESSE

Schindhelm Architekten
Zieblandstraße 19, 80799 München
T. 089/57 00 44 44, F. 089/57 00 44 42
schindhelm@s-w-arch.de, www.schindhelmarchitekten.de

ERKENNEN

// CHRISTINE PETER, CHRISTIAN PETER, WOLFGANG STURM
   SPP ARCHITEKTEN + INGENIEURE

A MÜNCHEN, EIN ARCHITEKTURSTANDORT – WAS BEDEUTET PLANEN UND BAUEN IN MÜNCHEN?

Gute Architekturqualität wird in München durchaus unterstützt. Leider sind die Aufwendungen für die Erfüllung der formalen behördenseitigen Anforderungen sehr hoch bzw. zeitraubend im Verfahren. Sofern man nicht in einem Gebiet mit qualifiziertem Bebauungsplan plant, wird die Dauer eines Genehmigungsverfahrens ein unkalkulierbarer Faktor, der sich äußerst negativ auf die Finanzierbarkeit eines Vorhabens auswirkt. Die fehlende Planungssicherheit blockiert alle weiteren Schritte. Dies sorgt bei unseren Bauherrn für absolutes Unverständnis, stellt sie auf eine harte Geduldsprobe und bringt uns in Argumentationsnöte. Planen und Bauen in München ist aus unserer Sicht zeitaufwendiger und mühsamer als notwendig.

B NEUES SELBSTBILDNIS DES ARCHITEKTEN – ARCHITEKTEN ALS ELITE UND ODER AKTIVE TEILNEHMER IN EINEM KOMPLEXEN MARKT?

Ein elitäres Selbstbildnis ist fehl am Platze und führt in die falsche Richtung. Der Berufsstand der Architekten kämpft – drastisch ausgedrückt – zunehmend ums Überleben:
Der Entwurf für die neue Honorarordnung entzieht unserer Berufsgruppe die Existenzgrundlage; die Novellierung der Bayerischen Bauordnung verlagert noch mehr Verantwortung auf die Architekten…

So sehen wir uns mehr und mehr im Konflikt zwischen eigenem hohem Anspruch und dem vielbeschworenen Berufsethos auf der einen Seite, Behördendschungel, Vielfalt der technischen Vorschriften und zunehmender Rechtsstreite auf der anderen Seite.
Das Bild des Architekten, als verantwortungsvoller Gestalter der Umwelt erscheint so im Zerrspiegel der Realität oftmals als höhnische Fratze. Leider sind wir in diesem Punkt momentan eher desillusioniert.

C ORIENTIERUNG AN MARKTBEDÜRFNISSEN – DER ARCHITEKT ALS IMPULSGEBER, STRATEGISCH UND LOGISTISCH KLAR AUFGESTELLT, MIT KOMMUNIKATIONSKOMPETENZ UND ZIELFÜHRENDEN INNOVATIONSSTRATEGIEN?

Architektur funktioniert nicht wie viele andere Branchen. Natürlich ist es wichtig, dass der Architekt professionell agiert und neue Impulse durch strategisch richtiges und logistisch strukturiertes Verhalten gibt, um sich am Markt zu behaupten. Trotzdem hat die Logistik da ihre Grenzen, wo die Kreativität mit Ihren Mechanismen ansetzt. Der Effizienzbegriff im Sinne von Rationalisierung und zeitlicher Optimierung der büroninternen Abläufe ist dort nicht anwendbar. Ein Entwurf muss gut sein, Punkt. Er wird nicht doppelt so gut, wenn man z. B. doppelt so schnell arbeitet.
Eine zweite Randbedingung wirkt sich ebenfalls einschränkend auf den Aktionsspielraum aus: Als Architekt ist man naturgemäß eingebunden

in einen größeren Kreis von Beteiligten am Baugeschehen. In manchen Bereichen ist der Einfluss des Architekten auf einen effizienten Ablauf äußerst gering, d. h. selbst wenn seine zielführende Innovationsstrategie auf Hochtouren läuft, ist nichts gewonnen, wenn beispielsweise die Behörde anders reagiert als vorhergesehen und dadurch der Ablauf wesentlich komplizierter und zeitaufwändiger wird als erwartet.

D STRATEGISCHE AUSRICHTUNG VON ARCHITEKTEN – GENERALIST ODER SPEZIALIST?

Der Architekt wird gerne als Generalist bezeichnet. Für uns ist das, was die Qualität des Architekten ausmachen sollte, fast noch besser mit dem Begriff „Dirigent" charakterisiert: Dieser muss fähig sein – die Vision des Gesamtwerks in seiner Komplexität vor Augen –, die einzelnen Schritte im richtigen Moment auszulösen und zu einem Ganzen werden zu lassen.

E WISSEN ALS WERTSCHÖPFUNGSOPTION – DER MEHRWERT DES ARCHITEKTEN?

Mehr als das reine Fachwissen führt die Fähigkeit des Architekten, komplexe Zusammenhänge zu erkennen und diese unter dem Vorzeichen einer guten Gestaltung in einer Gesamtplanung zu integrieren, zu „mehr Wert". Es geht also um Bewertung und Wertschätzung von qualitätvoller Planung. Dabei sind bestimmte Werte qualitativer Natur: Z. B. besser nutzbarer Grundrisszuschnitt durch intelligente Anordnung oder qualitätvolle Gestaltung und Detailausführung. Andere Werte sind quantifizierbar wie z. B. der Zugewinn an verkaufbarer Wohnfläche durch optimierte Planung oder Vergabegewinne, die durch Ausschreibungsverfahren entstehen, indem der exakte Vergleich mehrer Bieter möglich ist.

Das große Problem liegt darin, potenziellen Bauherren diesen „Mehrwert" im Vorfeld deutlich zu machen, denn Planung kostet zunächst Geld, der „Mehrwert" stellt sich jedoch erst später ein, bzw. bleibt fiktiv, da es keinen Vergleich zu einer alternativen Vorgehensweise gibt.

F QUO VADIS MÜNCHEN – WO LIEGT DAS POTENZIAL?

Die Attraktivität der Stadt beschert ihr ein sehr hohes Wirtschaftspotenzial, eine positive Entwicklung scheint automatisch garantiert. Dessen ungeachtet ist umso mehr die Stadtplanung gefordert, wichtige Schwerpunkte zu setzen und Weichen zu stellen, z. B. über die Gestaltung der Grundstückspreise städtischer Grundstücke.

Wir sehen hier vor allem zwei Schwerpunkte, auf die sich das Augenmerk der Stadt vermehrt richten sollte:

Wohnen muss in einer reichen Stadt wie München auch für mittlere und untere Einkommensschichten bezahlbar sein. Der zweite wichtige Punkt scheint uns die Sicherung der Gestaltqualität im öffentlichen Raum.

G DER TRAUM VOM RAUM – IHR LIEBLINGSPROJEKT?

Das Olympiagelände in München mit seinen Sportstätten und dem Landschaftspark stellt für uns nach wie vor eines der gelungensten Beispiele moderner Architekturschöpfung dar. Zu der genialen Entwurfsidee der Entwurfsverfasser gesellte sich die außerordentlich mutige politische Entscheidung zu deren Verwirklichung. Wirklich ein Glücksfall für München!

H LEBENSLAUF

SPP Architekten + Ingenieure wurde im Januar 1994 von den drei Büropartnern Wolfgang Sturm Dipl. Bauingenieur FH BDB, Christine Peter Architektin BDA und Christian Peter Architekt gegründet.
Wir sehen uns verantwortlich für das gesamte Spektrum der Architektenleistungen von der Planung bis zur Objektüberwachung. Gestalt, Baukonstruktion und Bauablauf sind gleichermaßen wichtige Elemente für den Entstehungsprozess von Gebäuden. Daraus ergibt sich eine

Bürostruktur, in der teamorientiert gearbeitet wird, betreut von den Partnern mit unterschiedlichen Arbeitsschwerpunkten.

BÜROADRESSE

SPP Architekten + Ingenieure
Sturm, Peter + Peter
Nadistraße 10
80809 München
T. 089 / 35 16 09 98
F. 089 / 35 44 44
info@spp-architekten.com
www.spp-architekten.com

DURCHDRINGEN

// EVA DURANT, ANDREAS NOTTER
   TOOLS OFF. ARCHITECTURE

A MÜNCHEN, EIN ARCHITEKTURSTANDORT – WAS BEDEUTET PLANEN UND BAUEN IN MÜNCHEN?

München ist kein ausgeprägter Architekturstandort. Es gibt keinen Hafen, der zu revitalisieren ist oder zwei getrennte Stadtteile, die zusammenzuführen sind. Die Bauaufgaben, die für die Stadt von Bedeutung sind liegen, sind „versteckter". Aufgrund der hohen Attraktivität wird der Zug in die Stadt zunehmen. Ein damit verbundenes Wachsen der Stadt wird zu einer Verdichtung des Stadtraumes führen. Lücken werden gefüllt, Innenhöfe bebaut und Gebäude mit neuen Dachaufbauten versehen werden. Ein wichtiges Thema wird auch die Umnutzung und Neugestaltung von Gebäuden aus den Jahren 1950–1980 werden. Einige dieser mit wenig architektonischer Qualität ausgeführten Gebäude werden auch mit neuen Nutzungen versehen werden, wie Büroflächen zu Wohnungen.

B NEUES SELBSTBILDNIS DES ARCHITEKTEN – ARCHITEKTEN ALS ELITE UND ODER AKTIVE TEILNEHMER IN EINEM KOMPLEXEN MARKT?

Ein neues Bild des Architekten ist für uns nicht notwendig. Es ist kein Gegensatz, Visionen zu entwickeln und diese in die Gesellschaft einzubringen. Diese Komplexität macht den Beruf aus.
Konzepte, Ideen und Impulse entspringen natürgemäß in einem kleinen Umfeld. Sie sind das Ergebnis langjähriger Beschäftigung mit bestimm-

ten Themen und kommen im Zusammenhang mit einer konkreten Aufgabe zum Tragen. Es ist dann die Aufgabe, diese Visionen so darzulegen, dass sie Einfluss in die architektonische Debatte nehmen können. Visionen ohne Anspruch auf Realisierung machen für unser Büro keinen Sinn.

> **C** ORIENTIERUNG AN MARKTBEDÜRFNISSEN – DER ARCHITEKT ALS IMPULSGEBER, STRATEGISCH UND LOGISTISCH KLAR AUFGESTELLT, MIT KOMMUNIKATIONSKOMPETENZ UND ZIELFÜHRENDEN INNOVATIONSSTRATEGIEN?

Wir sehen die Position des Architekten als Visionär und Umsetzer. Unser Leitsatz „from vision to reality" geht genau von dieser Haltung aus: Visionen als Zukunft, Realität als Gegenwart: In diesem Spannungsfeld entwickeln wir unsere Projekte. Beides ist für unsere Arbeit gleich wichtig, beides befruchtet das andere. Wir sind der Überzeugung und haben den Anspruch, dass jede unserer Visionen auch realisiert werden kann.

D STRATEGISCHE AUSRICHTUNG VON ARCHITEKTEN – GENERALIST ODER SPEZIALIST?

Generalist. Je komplexer die Aufgaben in der gebauten Gestaltung unserer Umwelt sind, desto mehr Spezialisten sind notwendig. Vom Soziologen bis zum Fassadenplaner. Dieses Netzwerk von Spezialisten muss gelenkt und auf ein Ziel ausgerichtet werden. Dies ist die Aufgabe des Architekten. Aufgrund seiner vielseitigen Ausbildung besetzt der Architekt die Schlüsselstelle im Planungsprozess.

E WISSEN ALS WERTSCHÖPFUNGSOPTION – DER MEHRWERT DES ARCHITEKTEN?

Der (Mehr-) Wert des Architekten liegt in der Komplexität seiner Fähigkeiten. Kein anderer im Planungs- und Bauprozess Beteiligter ist in alle Phasen eines Projektes eingebunden wie der Architekt. Von der Konzeption bis zur Positionierung des fertigen Projektes im Markt. Unser Büro bemüht sich daher, über Netzwerke dieser komplexen Anforderung gerecht zu werden. Unsere Erfahrung hat gezeigt, dass diese Kooperationen sehr fruchtbar sind.

F QUO VADIS MÜNCHEN – WO LIEGT DAS POTENZIAL?

München ist mit Sicherheit eine der attraktivsten Städte in Deutschland. Als Technologiestandort und als Talentschmiede führend. Als Architekturstandort holte er erst in den letzten fünf Jahren auf. Lange Zeit ist in München zeitgemäße Architektur mehr verhindert als gefördert worden. Allianz Arena und BMW Welt sind nun Zeichen, dass man nicht nur Gebautes verwalten will, sondern sich in/mit der Architektur positionieren will.

G DER TRAUM VOM RAUM – IHR LIEBLINGSPROJEKT?

Wir würden gerne an einem Projekt arbeiten, das die Abgrenzungen öffentlich/privat, innen/außen und Natur/Stadt hinterfragt und neu definiert. In den letzten Jahren haben wir uns intensiver mit dem Thema Natur auseinandergesetzt. Nicht nur im Sinne der Ökologie, sondern Natur als Gestaltungs- und Konstruktionsvorbild. Der Gedanke des Gesamtorganismus gefällt uns; daran werden wir weiterarbeiten.

H LEBENSLAUF

EVA DURANT

1984–1988 Studium Innenarchitektur
1989–1990 Projektpartnerin bei Eduard Samso architectos, Barcelona
1990–1992 Aufbaustudium Architektur Hochschule für Künste,
Bremen, Klasse William Alsop
1992–1994 Projektarchitektin bei Schunck und Partner, München
1992 Gründung des Büros tools off. architecture

ANDREAS NOTTER

1983–1988 Studium Innenarchitektur
1985–1986 Mitarbeit bei Agrest & Gandelsonas Architecs, New York
1989–1990 Projektpartner bei Eduard Samso architectos, Barcelona
1990–1993 Studium Architektur, Hochschule Bremen
1990–1992 Aufbaustudium Architektur Hochschule für Künste,
Bremen, Klasse William Alsop
1992 Gründung des Büros tools off. Architecture

BÜROADRESSE

tools off. architecture
Durant Notter Architekten BDA BDIA
Arcisstraße 68
80801 München
T. 089/306687-3
F. 089/306687-40
info@tools-off.com
www.tools-off.com

LEBEN

// THOMAS UNTERLANDSTÄTTNER
   UNTERLANDSTÄTTNER SCHMÖLLER ARCHITEKTEN

> **A** MÜNCHEN, EIN ARCHITEKTURSTANDORT – WAS BEDEUTET PLANEN UND BAUEN IN MÜNCHEN?

Planen und Bauen in München bedeutet für mich zunächst einmal:
Planen und Bauen in meiner Heimatstadt.
Die Stadt, deren Eigenheiten und Vorzüge mir bereits von Kindheit an vertraut sind. Deren Rhythmus mir bekannt ist.
Das bedeutet auch, Planen und Bauen in einer Stadt, deren Veränderungen mir im Lauf der Jahre weitaus bewusster geworden sind als in den Städten, in denen man nur einen zeitlich beschränkten Abschnitt seines Lebens verbringt.
Planen und Bauen in München bedeutet auch, in einer Stadt tätig zu sein, die seit mehreren Jahrzehnten als Innovationsstandort über die Stadtgrenzen hinaus bekannt ist und dadurch attraktiv für Kapital wurde.

> **B** NEUES SELBSTBILDNIS DES ARCHITEKTEN – ARCHITEKTEN ALS ELITE UND ODER AKTIVE TEILNEHMER IN EINEM KOMPLEXEN MARKT?

Architekten als Elite zeichnet in meinen Augen ein missverständliches und missverstandenes Bild der heute aktiven Architekten. Die Entwicklung von elitären Visionen oder Projekten ist sicherlich für jeden Architekten und für jedes Büro ein möglicher Schritt zur Selbstverwirklichung und eine Chance, am Markt wahrgenommen zu werden. Allerdings gibt es nur für wenige Architekten eine Chance, mit elitären Ent-

wicklungen ein Büro zu etablieren. Gesellschaftlich relevante Entscheidungen, die von und mit Architekten im Sinne einer gesellschaftlichen Elite gestaltet werden können, gibt es heutzutage nicht mehr.
Im besten Falle reagieren Architekten auf die Bedürfnisse der diversifizierten Gesellschaft bzw. auf die Anforderungen, die das in die Projekte investierte Kapital über seine Besitzer oder Verwalter mit sich bringt. Der Architekt ist heute vielmehr ein aktiver Teilnehmer eines komplexen Marktes, der in Abhängigkeit von der Bauaufgabe von Einzelpersonen und Teams gleichermaßen geprägt ist.

> **C** ORIENTIERUNG AN MARKTBEDÜRFNISSEN – DER ARCHITEKT ALS IMPULS-GEBER, STRATEGISCH UND LOGISTISCH KLAR AUFGESTELLT, MIT KOMMUNIKATIONSKOMPETENZ UND ZIELFÜHRENDEN INNOVATIONSSTRATEGIEN?

Dies wäre sicherlich die Idealvorstellung für alle am Bau Beteiligten: Dies bedeutet auch, dass der Bauherr und alle Beteiligten über diese Kompetenzen verfügen sollten, um einen klar definierten und abgestimmten Planungs- und Bauablauf zu generieren. Dies scheitert jedoch meist daran, dass bei jedem Bauvorhaben neue Projektteams (Planer und ausführende Firmen) zusammengestellt werden. Es ergeben sich selten Möglichkeiten, auf ein in allen Bereichen eingespieltes und logistisch klar aufgestelltes Team zurückgreifen zu können. Die strategische und zielführende Arbeitsweise auf der einen Seite trifft oftmals auf unstrukturierte oder andersartig organisierte Beteiligte (sowohl Bauherren als auch Fachplaner und ausführende Firmen). Damit ist es für gut organisierte Teams schwierig bis unmöglich, die eigene Struktur im gesamten Projekt im Sinne eines Projekterfolges einzubringen, wenn nicht zu Beginn klare Entscheidungskompetenzen festgelegt werden.

D STRATEGISCHE AUSRICHTUNG VON ARCHITEKTEN – GENERALIST ODER SPEZIALIST?

In einer immer spezialisierteren (Bau-) Welt, in der das Bedürfnis nach Vereinfachung und verständlicher Darstellung von komplexen Prozessen immer größer wird, bedarf es eines Generalisten, der es versteht, einen (Bau-) Prozess zu koordinieren und auf Grund seiner Erfahrung zu leiten. Der Architekt ist heute gefragt als ein Generalist, der möglichst in allen Lebens- und Planungsbereichen das notwendige Wissen mitbringt, um die am Projekt beteiligten Spezialisten (z. B. Fachplaner) sinnvoll zu koordinieren und übergreifende Entscheidungen für den Bauherren transparent darzustellen. Spezialwissen ist hierbei selbstverständlich gefragt, um die komplexen Strukturen des Bauwesens und des Planungsprozesses in der Bauausführung umsetzen zu können. Insofern ist der Architekt heutzutage ein Generalist mit Spezialwissen in ausgewählten (Fach-) Bereichen.

E WISSEN ALS WERTSCHÖPFUNGSOPTION – DER MEHRWERT DES ARCHITEKTEN?

In der generalistischen Herangehensweise des Architekten, in Verbindung mit Spezialwissen aus ausgewählten (Fach-) Bereichen liegt die Option zur Wertschöpfung durch die Architekten. Dies wird nicht nur bei Aufsehen erregenden Entwürfen wie zum Beispiel dem Guggenheim Museum in Bilbao oder der Allianz Arena in München ein Belang von übergeordneter Tragweite. Bei jeder noch so kleinen Bauaufgabe ist die Möglichkeit der Wertschöpfung jenseits der Entwurfsarbeit durch das Wissen und die Arbeit der Architekten vorhanden. Der mögliche Mehrwert sowohl für den öffentlichen Raum als auch für das Projekt selbst wird hierbei, vor allem bei den alltäglichen Bauaufgaben, von vielen privaten, öffentlichen und institutionellen Bauherren unterschätzt. Hier liegt ein weites Feld für die Wertschöpfungsoptionen und die zukünftige Bewertung von Immobilienprojekten, die heute geplant werden.

F QUO VADIS MÜNCHEN – WO LIEGT DAS POTENZIAL?

Das Potenzial der Stadt München liegt in der Kombination aus Tradition und Moderne, in Verbindung mit dem attraktiven Umland: Obwohl die Stadt in den letzten Jahrzehnten einen enormen Zuwachs an Internationalität gewonnen hat (sowohl bei der Bevölkerungsstruktur als auch

bei den gesellschaftlichen und politischen Aspekten), ist die Stadt (insbesondere die Altstadt) in Ihren städtebaulichen Grundzügen eine europäische Stadt, die sich in ihrer Entwicklung der Moderne nicht verschlossen hat (und damit ein Maß an Offenheit nach außen zeigt), und zudem die Eigenheiten der süddeutscher Lebensart erhalten hat. Die in München vorhandene polykulturelle Szene ist bei weitem nicht so präsent wie in Hamburg oder in Berlin. Hier hat die Stadt noch Potenzial, das es zu entwickeln gilt.
Für die Immobilienbranche liegt das Potenzial neben den positiven harten und weichen Standortfaktoren der Stadt sicherlich auch darin, dass der Immobilienmarkt in München im internationalen Vergleich als unterbewertet gilt. Diese Faktoren, die das Potenzial für den Zufluss internationalen Kapitals in die Stadt bilden, sind zugleich auch eine Gefährdung der bisherigen gesellschaftlichen Entwicklung: Die Stadt wird in Zukunft in den Vierteln, in denen der Zufluss von Kapital die Mieten und Immobilienpreise verändert, die dort ansässige Bevölkerung nur schwer mit bezahlbarem Wohnraum versorgen können. Die Versorgung der Bevölkerung mit bezahlbarem Wohnraum ist zwar per se nicht die Aufgabe der Stadtpolitik, aber unabdingbar für die Zusammensetzung der Bewohnerstruktur. Und gerade hier liegt das große Potenzial der Stadt: Die vorhandene Struktur der Viertel, zum Teil auch polykulturell, ist eine gewachsene Struktur. Veränderungen von Strukturen sind ein

Motor städtischer Entwicklungen und auch das Potential einer Stadt, gerade in einer Zeit, in der die Stadt als Lebens- und Kulturraum eine Renaissance erlebt. Doch die weitere Öffnung und Internationalisierung der Stadt, der Zuzug des internationalen Kapitals bedarf der sorgfältigen Abwägung: Die gelungene Kombination aus Tradition und Moderne, die diese Stadt besitzt, das Neben- und Miteinander ist ihr großes Potenzial, das weiter entwickelt werden kann. Auf die richtige Mischung wird es dabei ankommen.

G DER TRAUM VOM RAUM – IHR LIEBLINGSPROJEKT?

Wurde bisher noch nicht gebaut.
Ist ein Projekt, das im wahrsten Sinne allen offen steht. Losgelöst von finanziellen, materiellen, zeitlichen und gesellschaftlichen Anforderungen. Gebaut in einer Symbiose aus Landschaft und räumlicher Entwicklung. Die Intensität des erlebbaren Raumes wird zum Selbstzweck. Alle Sinneseindrücke, die für Menschen wahrnehmbar sind, werden in diesem Projekt spürbar.
Es geht um einen universellen Raum, der über seine Konzeption archaische Eindrücke bei den Besuchern hervorruft und gleichzeitig ein Gefühl der Geborgenheit vermitteln kann.

> **H** LEBENSLAUF

THOMAS UNTERLANDSTÄTTNER
*1969 in München
bis 1996 Studium an der Fachhochschule in München
2004 Master of Engineering

MARTIN SCHMÖLLER
*1970 in München
bis 1996 Studium an der Fachhochschule in München

Seit 1999 gemeinsames Büro in München, Planungen für private
Bauherren, Bauträgergesellschaften und öffentliche Auftraggeber,
mit dem Anspruch:
Aus der Vielfalt das Wesentliche schöpfen.
Bauten, authentisch wie der Mensch und der Ort.

BÜROADRESSE

Unterlandstättner Schmöller I Architekten
Reitmorstraße 8
80538 München
T. 089/309 08 77-0
F. 089/309 08 77-99
unterlandstaettner@u-s-architekten.de
www.u-s-architekten.de

ERWEITERN

// ALEXANDER WIEDEMANN
   DIPL. ING. UNIV. ARCHITEKT

A MÜNCHEN, EIN ARCHITEKTURSTANDORT – WAS BEDEUTET PLANEN UND BAUEN IN MÜNCHEN?

München ist ein Architekturstandort!
Regionalplanerisch: Der letzte große Ballungsraum im Süden Deutschlands. Ohne industrielle Altlasten, vielmehr mit einer sehr facettenreichen Wirtschaftssituation. Städteplanerisch: Glitzert München mit Siemens Bürogebäuden von Richard Meier, den Fünf Höfen und der Allianz Arena von Herzog & de Meuron oder der BMW Welt von COOP Himmelb(l)au. Doch gibt es neben all den großen Stars vor Ort noch viele kleine reizvolle Sterne zu entdecken! Solche, die noch nicht so bekannt sind. Mir scheint, als existiere eine Art „Label" Architektur. Natürlich trägt man gerne einen bekannten Designeranzug. Aber ist es nicht auch spannend einen kompetenten Schneider aufstöbern? Er ist präsent, kennt die Probleme und weiß sie elegant zu lösen. Er hat seine eigene, reizvolle Kreativität, aus der ungeahnte Lösungen entstehen. Für diesen Weg braucht man Neugierde und Vertrauen in sein Bauchgefühl.
Nachdem ich mir das erste Mal etwas von einem Schneider habe anfertigen lassen, wusste ich: Er erkennt die speziellen Anforderungen und weiß, wie er sie umsetzen kann. Er lässt mir meine Identität, die mich Ich sein lässt. Wir Architekten hier, in München, tun das auch! Weil uns bei aller Globalisierung unsere Eigenheiten einzigartig machen.

B NEUES SELBSTBILDNIS DES ARCHITEKTEN – ARCHITEKTEN ALS ELITE UND ODER AKTIVE TEILNEHMER IN EINEM KOMPLEXEN MARKT?

Aktiver Teilnehmer!

C ORIENTIERUNG AN MARKTBEDÜRFNISSEN – DER ARCHITEKT ALS IMPULSGEBER, STRATEGISCH UND LOGISTISCH KLAR AUFGESTELLT, MIT KOMMUNIKATIONSKOMPETENZ UND ZIELFÜHRENDEN INNOVATIONSSTRATEGIEN?

Es ist sicherlich erforderlich, sich an den Marktbedürfnissen zu orientieren. Doch sind sie die entscheidenden Parameter? Intensive Kommunikation erzeugt architektonische Qualität!
Ich sehe den Architekten als Coach und Berater, der seinen Bauherrn immer wieder prüft, fragt und fordert – mit dem Ziel, dass sich der Bauherr selbst klar ist über seine Wünsche, Vorstellungen und Bedürfnisse. Man kann die rasante Entwicklung des Markts nicht im Überblick haben. Deshalb ist es für beide Seiten notwendig, sich intensiv auszutauschen. Es soll ein eigendynamischer Prozess entstehen, der aus sich heraus auch Antworten auf Fragen generiert, die in diesem Kontext noch gar nicht gestellt wurden. Diese Herangehensweise sichert Eigenständigkeit, da sich die Logik nur im Prozess entwickelt. Architekt und Bauherr bilden dabei ein Team, das der Prozess zusammen schweißt. Kommunikationskompetenz ist eine Strategie. Sie ist zielführend. Eben dann, wenn man seine Aufgabe als Architekt nicht in der Pflichterfül-

lung der ursprünglichen Vorgaben sieht, sondern in der Verantwortung für den Bauherrn das Maximale zu erreichen.

D STRATEGISCHE AUSRICHTUNG VON ARCHITEKTEN – GENERALIST ODER SPEZIALIST?

Sowohl der Spezialist, als auch der Generalist hat seine Berechtigung und seinen Platz.
Für mich sehe ich beides. „Ein Generalist ist jemand, der in seinen Interessen nicht auf ein bestimmtes Gebiet festgelegt ist", schreibt der Duden. Nach einer Schreinerlehre, einer Möbelrestauratorentätigkeit und einem Architekturstudium mit einer städtebaulichen Diplomarbeit bin ich Generalist. Über meinen beruflichen Werdegang habe ich mein Fähigkeiten und Qualitäten unkonventionell erweitert. Mehr ist manchmal tatsächlich mehr.
In der Entwicklung und Bearbeitung meiner Projekte konzentriere ich mein Wissen auf die Ganzheitlichkeit des Projekts. Da empfinde ich mich als Spezialist – mit generalistischem Hintergrund.

E WISSEN ALS WERTSCHÖPFUNGSOPTION – DER MEHRWERT DES ARCHITEKTEN?

Täglich erreichen uns Zeichen, Bilder und Botschaften, an denen auch wir Architekten mitwirken müssen. Oft habe ich den Eindruck, dass

der Architekt vorschnell als Künstler gesehen wird, dem wirtschaftliche Kompetenz und Realitätssinn abgesprochen werden.
Ein Beispiel: Ich erinnere mich an eine Studie des Fraunhofer Instituts für Arbeitswirtschaft und Organisation zum Thema: Arbeitswelten im Büro – Anforderungen an Beschäftigte und Arbeitsplätze. Die Schlussfolgerung der Studie:
„Bürogestaltung muss ganzheitlich und professionell erfolgen! Begegnungsqualität und Wissens-Management durch informelle Kommunikations- und Begegnungszonen fördern! Raumstrukturen überdenken! Wohlfühl-Qualität im Büro zählt! Neugierde, Veränderungs- und Innovationsbereitschaft zeigen!"
Neben vielen anderen Aufgaben, die wir in diesem Kontext lösen, kümmern wir uns darum, dass die von uns geschaffenen Botschaften zielgerichtet sind.

F QUO VADIS MÜNCHEN – WO LIEGT DAS POTENZIAL?

Die geographische Lage, die Wirtschaftskraft, das Erholungsangebot, es sind viele Bausteine, die die Stadt München ausmachen. Um diese Grundlagen zu erhalten, müssen alle Beteiligten verantwortungsbewusst das Funktionieren und Zusammenspielen der einzelnen Zahnrädchen gewährleisten. Auch wir Architekten sind dafür mitverantwortlich. Allerdings wünschte ich mir, mehr von anderen Bereichen kennen zulernen. Es muß ein intensiver, interdisziplinärer Austausch stattfinden. Man sollte Interessensgruppen bilden, die sich aus verschiedenen Fachbereichen zusammensetzen. Hier sollten Informationen ausgetauscht und Strategien entwickelt werden. Man könnte damit Energien bündeln und diese zielgerichtet einsetzen.

G DER TRAUM VOM RAUM – IHR LIEBLINGSPROJEKT?

Kann man das Nichts bauen? Diese Frage beschäftigt mich schon seit meinem Studium, denn eigentlich ist das Nichts eine Tautologie in dem Sinne, als dass das Wort existiert, obwohl es das Gegenteil zum Ausdruck bringen soll. Wie würde sich ein gebautes Nichts anfühlen? Ist es dunkel, ist es hell, wie riecht es oder ist es weich? Kann man reingehen? Bemerkt man es überhaupt? Oder ist es Alles. Eben aus dem Grund, weil es ein Nichts gar nicht geben darf!

H LEBENSLAUF

ALEXANDER WIEDEMANN / DIPL. ING. UNIV. ARCHITEKT
1986 Allgemeine Hochschulreife, St.-Michaels Gymnasium Metten
1987–1990 Schreinergeselle, W. Geiger, Deggendorf

1990 Möbelrestaurator, S. Burgstaller, Passau
1990–1996 Architekturstudium, Dipl.- Ing. Univ., Technische Universität München
1993–1994 Siemens ZBA / Richard Meier associates, München
1994–1995 Eisenman architects, New York
1995 Koch & Partner, München
1996 BDA Studienpreis für „Aufbau Mitte"
1996–1997 Selbstständige Tätigkeit, München
1997–2002 Planer und Architekt, DeTeImmobilien, NL München
2002 Freier Architekt, München

BÜROADRESSE

Alexander Wiedemann
Dipl.-Ing. Univ. Architekt
Asamstraße 18
81541 München
T. 089 / 139 38 653
F. 089 / 139 38 652
M. 0160 85 98 136
alex@alexwiedemann.com
www.alexwiedemann.com

VORWEGNEHMEN

// MICHAEL ZILLER
   ZILLERPLUS ARCHITEKTEN UND STADTPLANER

A MÜNCHEN, EIN ARCHITEKTURSTANDORT – WAS BEDEUTET PLANEN UND BAUEN IN MÜNCHEN?

„Diese Stadt ließ mich nicht mehr los, denn alles, was ich tat – ... – war so merkbar vom Erfolg begleitet, dass es alle meine Erwartungen übertraf. Als mein Name zum erstenmal in den Zeitungen genannt wurde, war ich glücklicher als je zuvor in meinem Leben, und ich beschloss zu bleiben. Ich hätte jetzt jederzeit ans Meer fahren können, doch dazu kam es nicht mehr, denn ich hatte immer neue Versprechen einzulösen, die ich gegeben hatte, immer neue Aufgaben zu erfüllen, die ich übernommen hatte, mich immer neu zu bestätigen, da man mich nun einmal bestätigt hatte." (Ingeborg Bachmann: Auch ich habe in Arkadien gelebt, ...)

B NEUES SELBSTBILDNIS DES ARCHITEKTEN – ARCHITEKTEN ALS ELITE UND ODER AKTIVE TEILNEHMER IN EINEM KOMPLEXEN MARKT?

„Kein Mensch will begreifen, dass die höchste und einzige Operation der Natur und Kunst die Gestaltung sei, und in der Gestaltung die Specification, damit jedes ein besonderes bedeutendes werde, sei und bleibe" (Goethe in einem Brief an Zelter, 1808)

> **C** ORIENTIERUNG AN MARKTBEDÜRFNISSEN – DER ARCHITEKT ALS IMPULS-
> GEBER, STRATEGISCH UND LOGISTISCH KLAR AUFGESTELLT, MIT KOMMU-
> NIKATIONSKOMPETENZ UND ZIELFÜHRENDEN INNOVATIONSSTRATEGIEN?

„Die Arbeitsteilung, die Folge unser kompliziert gewordenen Lebensweise, zugleich aber auch, wie nicht bestritten werden kann, die Quelle gesteigerter Entwicklung, darf unter keinen Umständen in dem Sinn noch weiter getrieben werden, dass die einzelnen Berufskreise sich nicht mehr umeinander kümmern, ja sogar mit einer gewissen kindlichen Freude gegeneinander Arbeiten. Dem Architekten aber sei ins Gewissen gesprochen, dass ihm vor allem die Aufgabe zusteht, die auseinandergefallene Kultur zusammenzufassen, dass er deshalb schlecht beraten ist, wenn er, in geschmacklichem Ästhetentum sich verlierend, die Führung in technischen Gestaltungsfragen sich entwenden lässt."
(Theodor Fischer, ca. 1930)

> **D** STRATEGISCHE AUSRICHTUNG VON ARCHITEKTEN –
> GENERALIST ODER SPEZIALIST?

„Im Ernst: Gründen wir eine Stadt. Genauer gesagt: versuchen wir es. Denn darin besteht das wesentliche: Dass es ein Experiment ist. Es soll uns zeigen, ob wir noch eine lebendige Idee haben, eine Idee, die eine Wirklichkeit zu zeugen vermag, eine schöpferische Vorstellung von unserer Lebensform, in dieser Zeit" (Max Frisch, „Achtung, die Schweiz")

E WISSEN ALS WERTSCHÖPFUNGSOPTION – DER MEHRWERT DES ARCHITEKTEN?

„Der interessanteste Aspekt der Architektur ist der Aufbruch in neuen Welten, statt in alten zu verharren." (Rem Koolhaas)

„Wir haben viel zu wenig Muße: Zeit, in der nichts los ist. Das ist die Zeit, in der die Einsteins, die kreativen Forscher, ihre Entdeckungen machen. Der Betrieb und die Routine sind uninteressant und kontraproduktiv. (Beherzigen sollten wir das und uns heute einmal Zeit nehmen, gemeinsam kreativ zu sein ...)." (Adolf Muschg)

F QUO VADIS MÜNCHEN – WO LIEGT DAS POTENZIAL?

„Die zunehmende Verschmelzung bisher getrennter Alltagsaspekte (Leben, Arbeit, Freizeit) ist mit einer zunehmenden Diversifikation verbunden. Daraus folgt einen neue Sicht der Mittel und Wege zur Planung, die stärker auf Mischung und Kombination aufbauen und letztlich zu neuen Kollektiven, zu einer neuen Gemeinschaftlichkeit führen."
(Nathalie de Vries, The new Collectivity, 2000)

G DER TRAUM VOM RAUM – IHR LIEBLINGSPROJEKT?

Was sie gerade feststellen durften: man kann fast überall glücklich leben, Eitelkeiten werden schnell entlarvt und die obigen Fragen wurden in den letzten Jahrhunderten schon öfters gestellt und immer wieder ähnlich beantwortet. Doch der Kontext wandelt sich und damit auch die Bedeutung der Antwort.
Am Übergang in die Informationsgesellschaft und an einem Punkt, an dem über 50 % der Weltbevölkerung in Städten lebt, scheint mir das Gemeinschaftliche wieder eine neue Bedeutung zu erlangen. Das nächste Jahrzehnt wird sich stärker mit dem Innerlich-kollektiven, dem „Wir" auseinandersetzen müssen und diese neue Gemeinschaftlichkeit ist das, was München für sich besonders nutzen kann: Den vorhandenen und noch nicht ausgeschöpften Raum zu beleben mit Gebäuden, die eine Mischung beherbergen, sowohl in der Nutzung als auch in der Struktur. Die innere Stadt auch nachts wieder zu beleben. An dieser Stelle kommt die Frage nach der Parzelle und deren Größe auf. Wie lösen wir die Chance der horizontal und vertikal gemischten Stadtstruktur, ohne dabei in die Falle der seriellen Reproduktion zu tappen? Um dies auf dauerhaft und immer wieder beantworten zu können, plädiere ich für eine möglichst weite Fassung des Berufbildes des Architekten – als primus inter pares (und auch im Städtebau und

vor der Leistungsphase 1) – mit einem immer größer werden Team an Mitverfassern und Beratern. Und zusammen mit den Bauherrn, die in der gleicher Weise mit den komplexer werdenden Anforderungen konfrontiert sind.
Und nun der dazugehörige „Traum vom Raum"? Er zeigt sich für mich in hybriden Projekten wie der Marina City in Chicago (Bertrand Goldberg) oder dem multifunktionalen Wohnungsbau „Sargfabrik" in Wien (BKK2). Auch im Projektstadium verbliebene Bauten wie „Esprit Nouveau" (Le Corbusier 1922) regen nochmals zum Nachdenken an, um neue innerstädtische Wohnqualitäten erfüllen zu können. Eine solche inhaltliche und räumliche Auseinandersetzung führt zu „Raumträumen" und „Traumräumen".

H LEBENSLAUF

MICHAEL ZILLER / DIPL.ING. ARCHITEKT BDA UND STADTPLANER
Studium der Architektur in München, Fachhochschule und Akademie der Bildenden Künste, Möbelschreiner, seit 1998 selbständiger Architekt in München.
2000 Siedlung Ludwigsfeld, 2002 Wohnhaus in Brixen (I), 2003 Schulsanierung Schulstraße München, 2004 Loftgebäude in München, 2004 Bebauungsplan Maikäfersiedlung, 2004 Blockinnensanierung

und Tiefgarage Lothringerstraße München, 2008 Hybrides Wohn- und Geschäftshaus in München
Bayerischer Wohnungsbaupreis 2002 und 2005, Ehrenpreis der LH München für guten Wohnungsbau 2005, seit 2005 Vorsitz BDA München und Oberbayern, Architekturwoche München A3, A4, Fachpreisrichter, Veröffentlichungen zu Architektur und Städtebau, Diverse Wettbewerbserfolge.

BÜROADRESSE

Michael Ziller
Zillerplus Architekten und Stadtplaner
Dachauer Straße 14
80335 München
T. 089 / 33 04 06 32
F. 089 / 33 04 06 33
info@zillerplus.de
www.zillerplus.de

GELASSENHEIT

// MARKUS JULIAN MAYER

Architektur ist unzeitgemäß.
Sie passt nicht mehr in die Landschaft standardisierter und industrialisierter Produktionsprozesse, die uns jegliche Unterhaltung zum Wühltischpreis bietet, sie nervt in einer gesellschaftliche Kultur des easy goings, die der anstrengend werdenden Komplexität des Interessensausgleiches überdrüssig geworden ist.

Architekten sind kompliziert und/oder lästig.
Sie passen nicht in eine politische Kulisse, aus der sich die Idee des Gemeinwohles und der Integration nach und nach verabschiedet. Das spiegelt sich wider in immer neuen hedonistischen Gimmicks (i-phone), die unsere Aufmerksamkeit für das Wesentliche betäubt, in der Entstaatlichung, d.h. in der Verlagerung von gesellschaftlicher Verantwortung von staatlichen Institutionen, die bislang für den gesellschaftlichen Ausgleich zuständig waren und dafür auch die Kompetenzen hatten, auf den Einzelnen, der dazu prinzipiell dazu nicht in der Lage ist (Bauordnungen), und in der Deregulierung des Marktes, so dass schöne Wort (Auflösung der Honorarordnung).

Zeit ist Geld.
Architekten sollen sich also bitte einordnen in einen industrialisierbaren, kontrollierbaren, gewinnmaximierten und zeitminimierten Produktions-

prozess des Bauens und am liebsten sich selbst gleich dazu in einen ebensolchen Planungsprozess. Oder noch besser, ganz als Berufstand verschwinden, es gibt genug Manager mit wirtschaftlichem Weitblick, die das alles komplikationsloser hinbringen.

Fast geschafft.
Dem werten Leser, der noch so was unsinniges wie alte Geschichte studiert hat, mag das „ceterum censeo Carthaginem delendam esse" in den Sinn kommen: Eine lebensmüde Gesellschaft versucht sich vom scheinbaren Widersacher zu befreien. Was danach kommt ist der eigene Zerfall. Wir haben es weit gebracht, wir haben die Komplikation weitgehend abgeschafft, wir sind dabei, alle Lebensbereiche in den Griff zu bekommen (und nebenbei zu kommerzialisieren: Gehen wir ins Ikea-Restaurant, um dort Möbel zu kaufen, oder kaufen wir bei Ikea Möbel, um uns dort zu verköstigen?)
Nur das Leben selbst sträubt sich noch. Es scheint immer noch genau so unbestimmbar und eigenwillig zu sein wie eh und je. Es hängt immer noch an den altmodischen und romantisch-emotionalen Idealen. Und scheitert regelmäßig daran. Wir bilden uns ein, die materiellen Rahmenbedingen in den Griff zu bekommen. In Wirklichkeit öffnen sich, nicht mehr übersehbar, die emotionalen und sozialen Abgründe. Mir fällt ein Wort meiner Altvorderen ein, und in diesem Zusammen-

hang muss ich ihnen unumschränkt Recht geben: „So leicht, wie Ihr meint, ist das nicht, meine Kinder…". Und jetzt kommt eine reaktionär anmutende Wendung: Das Leben ist anstrengend! Und: Es ist gut so, wenn es das auf gesellschaftlichem Niveau ist.

Was Architekten tun.
Architekten machen Komplikationen. Das heißt: Sie machen sich einen Kopf, wo andere kein Problem sehen. Das ist eine ihrer vornehmsten Kompetenzen. Architekten sammeln in weiser Voraussicht und verknüpfen eine Vielzahl von Anforderungen, rechtlichen, finanziellen, administratorischen und natürlich funktionalen Anforderungen. Sie verknüpfen und integrieren alle diese Randbedingungen in ein Haus, in ein Gebäude, das Menschen beleben, und mit Hilfe dessen diese ihrerseits ihren komplexen Berufs- und Lebenszusammenhängen nachgehen. Der Erfolg eines Hauses hängt entscheidend mit davon ab, dass nicht eine einzige, z. B. die kommerzielle, tagespolitische, oder gewinnmaximierende, sondern alle Randbedingungen gut recherchiert, berücksichtigt, gewichtet und integriert wurden. Das gilt für ein Einfamilienhäuschen genauso wie für ein Wohnviertel oder einen ganzen Universitätscampus. Gerade in der von unserer Politik angestrebten Partikularisierung und Entledigung von staatlichen Aufsichtspflichten sind in einer sich teilweise auflösenden Gesellschaftsordnung neue Lebens- und Wohn-

konzepte gefragt, die Klimaveränderung verlangt erhebliche Innovationen auf dem Bausektor. Die technische Innovationsgeschwindigkeit gerade auf dem Sektor, der diesem Rechnung trägt, ist enorm. Diese Entwicklungen wollen in das alltägliche Baugeschehen eingeführt und in architektonische Form gebracht werden. Und die Lösung einer solchen Aufgabe ist eben nicht einfach und schnell und billig zu erledigen, weil sie im weitesten Sinne eine politische Aufgabe ist: Das heißt, es sind Menschen, deren Bedürfnisse und gesellschaftlichen Notwendigkeiten und seit neuestem auch die Umwelt und sogar ein ganzes Weltklima beteiligt.

Den Planungsprozess abkürzen zu wollen, diese „Komplikation" abschaffen wollen, bedeutet den Konflikt nach hinten zu verlagern. Die gute Planung einer Bauaufgabe muss Komplikationen machen, sonst kommen diese hinterher und kosten ein vielfaches. Um hier eine gar nicht so weit hergeholte Analogie zu benutzen: Politische Überrumpelungsversuche sind noch immer nach hinten losgegangen. Die Welt und die Geschichte ist voller auch aktueller Beispiele. Integration ist eine sensible Kunst, die Zeit braucht, weil die beteiligten Menschen Zeit und Würdigung ihrer Belange brauchen. Das gleiche gilt auch für die Architektur. Eine nicht vorhandene oder überstürzte Planung und ein überrumpeltes Gebäude riskieren den dauerhaften Misserfolg und eine in den Sand gesetzte Investition. Der Gewinn wird langfristig ma-

ximal sein, wenn sich ein gut erarbeitetes Gebäudekonzept bestätigt. Bauen ist ein langfristiges Gut. Es ist a priori nachhaltig. Diesen Sachverhalt werden über kurz oder lang auch die kurzfristigen Spekulierer zu spüren bekommen. Gerade in einer finanziell gut ausgestatten Stadt wie München.
Gelassenheit ist gefragt und die Bereitschaft sich auf den Prozess der Entstehung und des Werdens einzulassen. Ich meine das nicht etwa im abgehoben ästhetischen Sinne sondern vor allem politisch. Die Ästhetik ist der willkommene Mehrwert am Rande.

Hier noch eine kleine Anmerkung, weil es gerade aktuell ist: So gesehen ist die geplante HOAI-Novelle ein gesellschaftlicher und sogar wirtschaftlicher Schuss in den Ofen, der Qualitätsverlust, der ihr folgen wird, wird aus den genannten Gründen irreparabel sein und uns langfristig teuer zu stehen kommen.

MÖGLICHKEITEN SEHEN

// CHRISTINE BERNARD, JAN ESCHE

Erst anschaffen, dann ausgeben, erst die Arbeit, dann das Vergnügen, erst siegen, dann reisen, erst das Fressen, dann die Moral – und dies gerade jetzt? Wir leben in einer Welt, in der Kooperationen und Institutionen zunehmend global agieren, und dies in real time, folgerichtig wird von deren Vertretern in erhöhtem Maße Flexibilität und Mobilität erwartet – auch München kann sich davon nicht freimachen.

In einem Kontext, in dem vor allem die Ressource „Arbeit" nicht mehr in ausreichender Menge zur Verfügung steht, Dienstleistungsstandards auf immer höherem Niveau erfolgen und Wissen weltweit vagabundiert, kann man weder davon ausgehen, lebenslänglich passgenau in der erlernten Tätigkeit zu agieren, noch davon, lebenslang am gleichen Ort Beschäftigung zu finden. Die Diversifizierung ehemals linearer Prozesse erfordert also psychische und physische Flexibilität, denn Alleinstellungsmerkmal und Mehrwertversprechen des Architekten müssen immer wieder zielgruppengerecht in time artikuliert werden.

Bild und Selbstbild der Architekten verändern sich seit einigen Jahren dramatisch, vom autonomen Baukünstler zum kommunizierenden, werbenden Baumanager – weg vom theoretischen Entwurf als zentrales Element der Architektur hin zur Baupraxis, weg von Fragen der Ästhetik hin zu Fragen der Technik, der Termine und der Kosten. „Noch nie zuvor ist das Jahrtausende gewachsene Berufsbild der Architekten derartig heftigen Veränderungen ausgesetzt gewesen", wie es Gerhard Matzig in der Süddeutschen Zeitung einmal so treffend umrissen hat. Droht der Wandel des Berufsbilds zum „Selbstbild des Architekten als Dienstleister" – oder gar, so Wolfgang Bachmann im Baumeister, ein „Kampf der Baukulturen"?

Architektur umschreibt immer auch eine Haltung gegenüber dem Leben, gegenüber der Welt. Denn es ist ihr vordringlichstes Ziel, Lebensprozesse allgemeiner und alltäglicher, ebenso wie spezifischer und besonderer Art zu analysieren und zu interpretieren. Die Einnahme einer Haltung, eines Standpunkts und einer in der Disziplin relevanten Perspektive, die sich im Raum manifestiert und potenziell menschliche, gesellschaftliche und soziale Zusammenhänge transparenter und verständlicher macht, ist notwendiges Ziel von Architektentätigkeit.

Dies gilt umso mehr, wenn Architektur zum Medium der Kommunikation und des Wissens gezielt eingesetzt wird. Hier heißt es, den Kontext sowohl im Hinblick auf die architektonischen Bedingungen als auch auf die „markenrelevanten" Konditionen genau zu analysieren.

Präzision und Solidität, Ökologie und Nachhaltigkeit, allesamt wohl Qualitätskriterien Münchner Architektur, verbinden sich mit einer Ästhetik, die an eine historisch gewachsene Tradition anknüpft. Architektur aus München wird gleichgesetzt mit Ackermann, Kurt und Partner, Auer und Weber, Fink und Jocher oder Allmann Sattler Wappner Architekten, Braunfels Architekten, Henn Architekten, Hild und K Architekten, Hilmer & Sattler und Albrecht, Otto Steidle und Partner Architekten, Goetz und Hoots, Uwe Kiessler und Partner, Lauber Architekten, nur um einige zu nennen. Damit Architekten den Anschluss behalten und ihre Leistungen als Architekt weiterhin gefragt bleiben, sollten sie Netzwerke und Kontakte stärker pflegen und nutzen. Erfahrungsaustausch face-to-face stellt hierbei eine wesentliche Quelle für Synergien dar.

Die Wahrnehmung von Architektur als Kultur und des Architekten nicht nur als Moderator, sondern als Vordenker zu verbessern und die Kontinuität dieses positiven Images zu bewirken, muss als strategische Aufgabe begriffen und angegangen werden. In einem immer stärker werdenden Markt wird der Architekt sonst kaum noch eine Chance haben.

AUTOREN

CHRISTINE BERNARD,
Kommunikationsdesignerin und Publizistin, München

NICOLA BORGMANN,
Kunsthistorikerin und Architektin, München

ANDREAS DENK,
Autor und Chefredakteur „Der Architekt", Bonn, Berlin

HANS GEORG ESCH,
Fotograf, Hennef-Stadt Blankenberg

DR. JAN ESCHE,
Autor und Publizist, München

MARKUS JULIAN MAYER,
Architekt, München

DR. HANNO RAUTERBERG,
Autor und Architekturkritiker, Redakteur „Die Zeit", Hamburg

PROF. UWE SCHRÖDER,
Architekt und Professor FH Köln, Bonn

BILDNACHWEIS

Alle Fotos von den Architekten, außer:
Edward Beierle: S. 113, S. 169
Henning Bock: S. 149
Wiebke Bosse: S. 37
CZYK: S. 91
Christine Dempf: S. 225
Hans Georg Esch: Titel (Allianz Arena), S. 22–35 (Marstallplatz, Alter Hof, Jakobsplatz, Hofkirche, Fünf Höfe, Pinakothek der Moderne, BMW Welt)
Anja Frers: S. 211
Wolf Kern: S. 67
Lothar Reichel: S. 187
Nina Schinzel: S. 181
Lennart Schmiedl: S. 49
Bernd Schuller: S. 137
Studio 43 Gunter Bieringer: S. 219
Nadine Zinser: S. 85

TEXTNACHWEIS

Die Beiträge von Andreas Denk und Uwe Schröder sowie Hanno Rauterberg erschienen zuerst in: „Der Architekt" 6, Juni 2001, S. 3 und um Abbildungen erweitert, in: „Der Architekt" 9, September 2002, S. 15ff.

IMPRESSUM

Herausgeber Christine Bernard und Jan Esche
Redaktion Jan Esche
Gestaltung Christine Bernard
Druck Holzer Druck und Medien

© 2008 ea Edition Architektur, München
www.edition-architektur.de
Printed in Germany
ISBN 978-3-941145-00-9

ebenfalls bei ea Edition Architektur erschienen:

NEXT MÜNCHEN – 40+ Architekten um 40
ISBN 978-3-00-022822-3